Maurizio Potenz

I Sacerdoti della Finanza

Romanzo

Quest'opera è protetta dalla legge sul diritto d'autore.
E' vietata ogni duplicazione, anche parziale, non autorizzata.
Copyright 2008-2012 © - Tutti i diritti sono riservati.
ISBN-13: 978-1470130220 ISBN-10: 147013022X

Foto di copertina Skrik di Edvard Munch - Nasjonalgalleriet Oslo

isacerdotidellafinanza@hotmail.co.uk

Romanzo

Nota per il lettore

Questo romanzo è un'opera di fantasia.
Ogni riferimento a persone, fatti o cose realmente
accadute è puramente casuale.
La società di consulenza Golden Rocks non esiste, è pertanto da
escludersi che membri della stessa possano aver interagito con il
Presidente o con i Consiglieri della Banca Centrale Europea o
della Federal Reserve, Istituzioni realmente esistenti.
Per quanto noto all'autore i fatti di Guantanamo non
sono mai accaduti, né sono mai stati ideati da soggetti
riferibili al Governo degli Stati Uniti d'America.

Maurizio Potenza

I SACERDOTI

DELLA FINANZA

Romanzo

Se uno Stato è retto dai princìpi della ragione,
povertà e miseria sono oggetto di vergogna;
se uno Stato non è retto dai princìpi della ragione,
ricchezze e onori sono oggetto di vergogna

Confucio
(Filosofo 551-479 a.C.)

Prologo

Roma
Piazzetta Fontanella Borghese

Un palazzo maledetto. L'ultima disgrazia era accaduta solo due secoli prima, nel 1805.

Un nobile romano di antica casata, in partenza per Palermo dov'era solito recarsi per la cura e il controllo dei suoi vasti possedimenti terrieri, colto da un dubbio improvviso vi aveva fatto precipitoso ritorno.

Lasciati cocchiere, carrozza, scorta e cavalli a cinquecento metri, sul lungotevere in Augusta, e dopo aver fatto cenno ai suoi con un'arrogante alzata di testa di non muoversi di là, si era avviato con passo svelto. La servitù era rimasta sorpresa nel vederlo rincasare così presto. La notizia dell'inaspettato rientro del nobiluomo era rimbalzata di bocca in bocca raggiungendo persino lo sguattero più disgraziato, rintanato a lucidare pentole in uno dei cortiletti affacciati alle grandi cucine.

I loro tre bambini, come ogni mattina dopo la colazione, stavano con il precettore nella sala al primo piano, amorevolmente incantati dallo studio delle lettere e della matematica.

Il nobiluomo, senza rivolgere parola alcuna, si era diretto per lo scalone che saliva al secondo piano.

Percorso il lungo corridoio che conduceva alla camera da letto, l'aveva trovata chiusa a chiave. Con un'unica vigorosa spallata aveva spalancato le ante unite appena da una debole serratura scoprendo sua moglie in generosa intimità con un uomo del quale conosceva bene i lineamenti.

Senza muovere le labbra si era avvicinato: osservava con sguardo spettrale i loro occhi sbarrati, paralizzati dal terrore; sguainata la spada, aveva preso a menare fendenti, non riuscendo nella foga di quel lavoro infernale a contare i colpi andati a segno.

Trascinati i corpi ad uno ad uno, li aveva fatti precipitare nelle cantine attraverso un angusto cunicolo che si allungava per tutta l'altezza del palazzo. Dopo avere appiccato il fuoco al saio del religioso e averlo fatto scivolare quindici metri più in basso, era corso nelle cantine e aveva gettato quei poveri corpi in un pozzo profondo, usando un passaggio che lui solo conosceva. Era una delle labirintiche vie di fuga di quel palazzo. Segreti che i primogeniti maschi di quell'antica famiglia si erano gelosamente tramandati. Per ogni evenienza.

Per quella misteriosa scomparsa erano state avanzate congetture in gran numero, soprattutto entro le mura vaticane, finché il terribile segreto fu finalmente svelato: omicidio.

Gli stretti rapporti che la nobile casata aveva con la Chiesa di Roma, insieme all'immenso potere della genìa del monsignore celato dal saio, consigliarono alle autorità preposte di evitare indagini storiche. Non identificate, le povere spoglie vennero seppellite in un cimitero alle porte della città, sovrastate da un'anonima croce.

Gli eredi, infine, si liberarono dell'ingombrante palazzo a pochi passi dal Tevere, vendendolo con grande vantaggio.

PRIMA PARTE

1

«Diamo adesso la linea a Samanta Prescot per gli aggiornamenti di chiusura della borsa di Wall Street; allora Samanta come sono andate oggi le cose a *downtown*?»

«Buongiorno Sarah, e ben ritrovati ai nostri telespettatori; direi che la giornata è stata molto positiva: dopo la pubblicazione dei dati sulla disoccupazione nel terzo trimestre, passata dal 4,2 al 4,8 per cento della forza lavoro, gli indici hanno iniziato a guadagnare terreno. Il Dow Jones, che aveva aperto in frazionale ribasso, si è portato in territorio positivo chiudendo in progresso del 3,6 per cento, bene anche lo S&P 500, più 3,9 per cento. A Times Square, il Nasdaq ha messo a segno un più 6,2 per cento. Da segnalare le eccellenti performance delle aziende legate alle materie prime energetiche, petrolio e gas in particolare, che continuano a rincorrere i rialzi delle quotazioni sui *future*, traendone spunti di rilevante interesse. Secondo le indiscrezioni trapelate dalle sale operative, per l'intero comparto si profila un anno ricco di soddisfazioni. In evidenza anche l'indice aerospaziale e difesa, spinto dagli incoraggianti dati provenienti dagli ordinativi del settore militare.

«Passiamo alle notizie societarie; la Metxli Defence ha diffuso un comunicato con il quale ha reso noto di avere perfezionato con il governo del South Fulam la fornitura di ventisette aerei da combattimento della serie Roulette G85, oltre a un'opzione per altri quaranta velivoli entro i prossimi tre anni. Non si è fatta attendere la reazione del mercato, che ha premiato l'azienda con un rialzo del 12,7 per cento.

«Sebbene non interessate dalla rilevante commessa sono andate in scia Luxor, leader mondiale nella produzione di sistemi missilistici anticarro, più 8,2 per cento e Vitesse, mine antiuomo, più 10 per cento.

«In sintonia con l'effervescenza fatta registrare dalle aziende attive nella produzione di armamenti, ha guadagnato terreno anche la Human Prothesis che ha chiuso con un rialzo del 18,5 per cento. L'entusiasmo proveniente dalla borsa di New York ha rapidamente contagiato le principali piazze asiatiche, tutte in territorio positivo.

«Concludiamo con il petrolio che ha superato di slancio i 55 dollari al barile. L'analisi tecnica conferma uno scenario rialzista che lo potrebbe spingere sopra la soglia psicologica dei 70 dollari.

«Per il momento è tutto, a voi studio.»

Giorgio De Stefano bilanciava l'attenzione tra le notizie mandate in onda dal canale satellitare dell'Atlantic Television e la musica diffusa dall'impianto stereo. Nel comodo attico di via Gregoriana, sul divano bianco del grande salone affacciato sulla scalinata di Trinità dei Monti, beveva una spremuta d'arancia. Alle sei del mattino, come ogni giorno quand'era a Roma. Le arance erano quelle del giardino della casa al paese, spedite ogni quindici giorni dall'anziana madre.

Un tenero sorriso apparve sul suo volto assorto nei pensieri. L'immagine della donna gli dette una fastidiosa sensazione di malinconia, che provò a spazzare via scuotendo il capo con un rapido movimento laterale, come un tic.

Aumentato il volume dello stereo, si stava lasciando distrarre dalla musica proveniente dal lettore cd, alzando la testa e chiudendo gli occhi quando arrivava il pezzo che gli piaceva di più. Freddy era uno dei suoi preferiti.

Ebbe appena il tempo di immaginare le dita scorrere delicatamente sul pianoforte che Francesca spalancò la porta del salotto.

«Buongiorno signor Giorgio, ho sentito la musica ad alto volume, le preparo la colazione?»

«Un caffè va benissimo, non ho fame, grazie» rispose con aria sorpresa da quella improvvisa ma prevedibile incursione. «È arrivata presto stamattina…» aggiunse con aria distratta.

«Ero qui già da un po', stavo sistemando le piante in terrazzo, è così grande questa casa che c'è sempre tanto da fare.»

Quelle parole l'avevano risvegliato dalla musica e dai ricordi lontani. Guardava le immagini che scorrevano in televisione accompagnate dal titolo in basso sullo schermo: Saccheggi e devastazioni a Napoli. La televisione satellitare americana aveva aperto con le notizie dal mondo rilanciando il servizio di un'emittente italiana. Il commento distaccato dello speaker sovrastava quello concitato in lingua originale. Le parole in sottofondo erano dense di pathos. Squadre di pompieri tentavano con grande fatica di spegnere le fiamme che si sprigionavano alte da quell'immenso capannone su cui campeggiava la grande insegna, ormai distrutta, del centro commerciale Baldo.

Pensò a un incendio della camorra, ma dovette scartare quell'ipotesi alla stessa velocità con la quale l'aveva formulata. Si era trattata di una semplicistica associazione di idee *Napoli-incendio-distruzione-camorra*. Il commento del telecronista non lasciava dubbi: all'imbrunire del giorno prima, l'ipermercato era stato invaso da una folla disperata, saccheggiato sino all'ultima scatoletta e poi dato alle fiamme, con l'evidente scopo di indurre le forze di polizia a riportare un minimo di ordine nella zona piuttosto che dare la caccia agli autori di quel gesto tanto eclatante quanto inatteso.

Sarebbe stata un'impresa impossibile l'identificazione di una moltitudine in fuga, impensabile anche il solo recupero dei file della videosorveglianza, sicuramente distrutti dal rogo.

Migliaia di persone avevano deciso di dare l'assalto a un grande negozio di alimentari. Era difficile non pensare a un'azione premeditata, sembrava piuttosto il frutto di una scintilla che aveva fatto detonare un innesco acceso da tempo. Un passaparola bisbigliato si era trasformato in un boato che non aveva lasciato tempo per riflettere, ma solo per agire.

Pensò che i dati pubblicati qualche mese prima dall'Istituto nazionale di statistica avevano indotto quasi tutti i giornali a titolare con tono trionfale: "Metà delle famiglie italiane vive con duemila euro al mese, il reddito medio è di duemilaquattrocento euro".

«Duemila al mese? Sarebbe interessante conoscere quanto guadagna l'altra metà...» pensò ad alta voce. Ma quella statistica era il risultato di un preciso disegno per confondere le acque, proprio come le statistiche degli ultimi anni, manipolate e artefatte per modificare la distribuzione della ricchezza, per colpire un esercito che ingrossava anno dopo anno, sempre più pericolosamente.

Giorgio De Stefano sembrava in trance, rifletteva su quei numeri adulterati, proprio come un vino cattivo, presentati a piacimento per celare o enfatizzare una notizia.

Conosceva bene la realtà, così diversa da come i giornali la dipingevano che era ormai chiaro che si trattava solo di una questione di tempo. Di poco tempo ancora.

1260 miglia a nord-ovest di Roma, al 391 di Grosvenor Street, Londra, l'ingegner Peter Duncan, un ragazzone sportivo ex nazionale di rugby di trentaquattro anni con la passione del golf, un metro e novantasei per ottantacinque kili, cortissimi capelli rossicci su un ovale pallido con diffuse lentiggini, era seduto alla scrivania della camera

2872 dell'Hotel Parisienne, un cinque stelle lusso abitualmente frequentato da facoltosi uomini d'affari, a tre miglia dalla sua villetta in Temple Road.

Si era fatto un bagno rilassante e aveva indossato un candido accappatoio bianco con l'inconfondibile p stilizzata dell'hotel. Dopo avere inspirato profondamente l'ultimo tiro della Dunhill aveva spento il mozzicone, schiacciandolo con cura direttamente sul tavolo in noce, assicurandosi che non facesse fumo. Aveva ragione di pensare che nessuno gli avrebbe mosso una parola di rimprovero per quel gesto tanto sconsiderato.

Aveva raccolto la Beretta semi-automatica dal tavolo, l'aveva guardata per l'ultima volta e con un unico movimento naturale si era ficcato in bocca la canna, per quasi sette centimetri. Senza pensare oltre aveva premuto il grilletto. Erano partiti due colpi in simultanea prima che la testa fosse sospinta come una molla impazzita sullo schienale, carambolando sul posacenere in cristallo. La morbida moquette color cremisi assorbiva con ingordigia quel sangue insolitamente chiaro, che dopo i primi fiotti violenti aveva preso a scorrere più lentamente.

Peter lasciava la moglie Barbara di trentuno anni e le due bambine Janet e Kira, di tre e cinque.

Solo dopo una lunga e sofferta meditazione, l'ingegner Duncan aveva capito che l'unica strada per uscire dall'incubo nel quale era piombato fosse quella di piantarsi una pallottola all'altezza del cervelletto, attraverso la cavità orale.

2

New York, marzo 2006
Aeroporto John Fitzgerald Kennedy

«Signore e signori buonasera, è il primo ufficiale Michael Neuer che vi parla. A nome del comandante Helmut Müller vi do il benvenuto a bordo del volo Lufthansa quattro zero cinque in servizio da New York con destinazione Francoforte delle ore ventuno e venticinque. La torre di controllo ci ha appena informato che a causa dell'intenso traffico la partenza del nostro volo subirà un ritardo di quindici minuti. Scusandoci per l'inconveniente vi confermiamo che riusciremo a recuperare lungo il tragitto grazie a un vento in coda di quaranta miglia orarie che ci accompagnerà per quasi due ore.

«Siamo in attesa sulla pista numero uno dove prevediamo di decollare entro venti minuti. I nostri assistenti di volo vi daranno adesso alcune utili indicazioni sulle procedure di sicurezza di questo aeromobile. Ringraziandovi per l'attenzione vi diamo appuntamento a decollo avvenuto per qualche informazione sulle zone che sorvoleremo lungo la nostra rotta.»

Le condizioni meteo sulla costa atlantica sembravano preoccupanti anche per quello che era considerato uno dei velivoli tecnologicamente più affidabili. Il Boeing 777 raggiunse la *velocità di decisione* di duecentottanta chilometri orari dopo dodici secondi esatti dall'avvio della corsa. A quel punto la manovra non poteva più essere fermata e il pilota avrebbe proseguito la fase di decollo anche in caso di avaria improvvisa. Il muso del potente aeromobile si stava sollevando con difficoltà sotto le mani esperte del comandante Müller. La velocità aumentava mentre i flaps tentavano di rientrare nelle ali nonostante il vento a raffica li facesse beccheggiare impazziti. I grattacieli di New York si andavano lentamente dissolvendo. Le luci della città iniziavano a lasciare spazio allo spettrale buio della notte oceanica.

«Desidera uno snack?» domandò l'hostess quindici minuti dopo aver raggiunto la quota di crociera.

«No grazie, per ora va bene così» rispose il consigliere Guttenberg.

«Se dovesse avere bisogno non esiti a chiamarmi, è sufficiente premere il pulsante sul bracciolo alla sua destra» cinguettò la ragazza in un perfetto tedesco che tuttavia non gli parve essere la sua lingua madre, pensò Guttenberg.

Il consigliere della Banca Centrale Europea la congedò con un cenno di assenso della testa, accompagnato da un sorriso voluttuoso, non potendo fare a meno di guardare quelle splendide gambe tonificate da ore di palestra allontanarsi sensuali nella rigorosa divisa grigio perla.

Comodamente seduto sull'avvolgente sedile in nubuk liscio nero della prima classe, il consigliere continuò a sorseggiare il suo cognac preferito, un Salignac invecchiato venticinque anni in botti di rovere del Limousin.

Il riflesso ambrato del liquido nel bicchiere gli ricordava la pelle vellutata della misteriosa venere bianca di diciannove anni con cui aveva passato la notte nell'imperial suite al cinquantaduesimo piano del Lexington Hotel, sulla Michigan Avenue, ad angolo con la ventiduesima. Un lussuoso appartamento angolare affacciato sul Jaqueline Kennedy Onassis Reservoir di Central Park, dalle cui finestre in vetro bombato a tutta altezza poteva ammirare il profilo notturno di New York. A sinistra si ergeva la spirale del Guggenheim, più in basso i tetti del Metropolitan. Di giorno, proprio lì davanti, i campetti di baseball di Central Park, rasati con cura maniacale da appassionati giardinieri. Il Lexington era un edificio monumentale al cui ingresso campeggiava una fila binata di dodici maestose colonne doriche scanalate lungo precise linee verticali, sormontate da un architrave su cui troneggiava un timpano triangolare con bassorilievi. Una riproduzione perfetta della gigantomachia del Partenone di Atene. Il motto *gnõthi seautón* scolpito sull'architrave trasmetteva una sottile inquietudine.

Al suo interno l'edificio era decorato con marmo bianco, tagliato dalle lastre più pregiate delle cave italiane e ornato di drappeggi persiani con motivi floreali. I duemila dollari per l'agenzia della escort, come al solito, erano stati addebitati con un banale escamotage sul prezzo della camera, pagata con la carta platino della Banca Centrale Europea.

Dalla *on line internet rate* alla *standard rate* il prezzo della suite schizzava da 1.200 a 3.460 dollari a notte. Qualche extra sulle consumazioni al bar e una raffinata cena servita in camera, innaffiata da uno champagne riserva, sarebbe servita a rasserenare la direzione dell'hotel che di certo non si sognava di deludere una clientela così abituale per qualche innocente dettaglio.

L'indomani mattina i duemila dollari sarebbero stati consegnati in contanti, con la solita discrezione, direttamente all'autista dell'agenzia. Il consigliere Guttenberg ritenne di omaggiare la superlativa ragazza con duecento dollari extra. Un bonus per la consapevolezza dimostrata.

Il meccanismo, così ben oleato, non incontrava il minimo ostacolo. Anche questa volta Laetitia, titolare dell'agenzia Blue Diamonds, era riuscita a fornire un'accompagnatrice all'altezza delle aspettative del consigliere.

A Laetitia non interessavano le modelle, preferiva ragazze semplici e carine. Quelle della porta accanto riuscivano a stuzzicare perfettamente le fantasie dei suoi clienti, più vicini ai sessanta che non ai quaranta. Vestite con sorprendenti lingérie da trecento dollari su scarpe di fattura italiana con tacchi vertiginosi, erano capaci, con la loro spontanea innocenza, di mandare in estasi chiunque, uomo o donna che fosse. Conoscendo bene l'essere umano e riuscendo tutte le volte a indovinare i desideri del signor Guttenberg, Laetitia sapeva che molto presto si sarebbero risentiti. Lui avrebbe programmato un nuovo viaggio nella grande mela e con l'occasione avrebbe rivisto quella splendida creatura. Non più di una volta ancora, come era sua abitudine quando veniva piacevolmente colpito da una puttana.

«Signor Guttenberg, sono felice di continuare a esaudire ogni suo desiderio» aveva sospirato Laetitia al telefono con tono di maliziosa complicità «spero di risentirla quando torna a New York.»

«Senz'altro cara, come sempre è stata una magnifica serata, non finirà mai di stupirmi, a presto» aveva risposto il consigliere con tono riconoscente, sprofondato sul sedile dell'auto che dall'hotel lo conduceva all'aeroporto.

L'autista della limousine dell'ufficio di rappresentanza newyorkese della Banca Centrale Europea era un afroamericano cresciuto nel Bronx, a cui una terribile frattura scomposta alla terza e alla quinta vertebra della colonna sacrale aveva sbarrato la strada del football professionistico. Conosceva a memoria il percorso che il consigliere Guttenberg preferiva per raggiungere il JFK. Sapeva perfettamente che scendendo la quinta strada *non* doveva imboccare subito a sinistra sulla quarantaduesima, che gli avrebbe consentito attraverso il Queens Tunnel di lasciare agevolmente l'isola di Manhattan per raggiungere Long Island, attraversare la 495 sino a Flushing Meadows e svoltare a destra all'altezza del Lake, per proseguire sulla Grand Central Parkway sino all'aeroporto. *Quella* era una strada da evitare.

La prima e unica volta che l'aveva percorsa pochi giorni dopo l'assunzione, guidando per quel signore così distinto, era stato rimproverato con veemenza per non averlo preventivamente interpellato sul percorso da seguire. Imboccato il tunnel dovette subire gli impropèri che gli rivolse come un fiume in piena il compassato signor Guttenberg, quasi in preda a un attacco di ira. Dallo specchietto retrovisore interno guardava con timore il consigliere che continuava a sudare nervosamente. Capì che probabilmente doveva soffrire di idrofobia o forse di potamofobia, parole che udì una volta mentre accompagnava due importanti ospiti che parlavano della paura delle acque dei fiumi.

Ma forse, pensò, non si doveva trattare neanche della paura dell'acqua. Poteva essere stata la presenza di tutti i cimiteri che puntellavano quel percorso ad avere adirato il consigliere sino a costringerlo a una reazione lontana dal suo inossidabile aplomb mitteleuropeo.

A poche miglia dal Lexington Hotel, sul lato ovest di Central Park, le più importanti televisioni del paese sgomitavano per riuscire a intervistare per prime i banchieri di Wall Street, convenuti ancora una volta per partecipare alla celebrazione del proprio mito. Infallibili profeti.

3

«Passiamo la linea alla nostra inviata Lisa Swanfield.»

«Grazie Sarah, un caloroso saluto ai nostri telespettatori. Oggi vi parlo dal Covent Palace, dove è in corso di svolgimento la trentaduesima edizione del New York Career Forum, uno dei più significativi meeting tra le banche d'affari di Wall Street e gli studenti delle università della East coast. Come potete osservare dalle immagini alle mie spalle, il Palace è stato preso d'assalto da migliaia di giovani che aspirano a una carriera in uno dei settori a più rapida crescita degli ultimi anni. Siamo in compagnia di Timothy Tarantino, capo divisione finanza della Barrymore Investment nonché relatore del convegno *Etica e affari, una prospettiva per il ventunesimo secolo.* Signor Tarantino, buongiorno e grazie per aver accettato il nostro invito. Come sta andando questa edizione del forum?»

«Buongiorno a lei e ai telespettatori in ascolto. L'interesse che le giovani leve mostrano per Barrymore, la banca d'affari del prestigioso gruppo Seldom Brothers, ha senza dubbio superato le nostre più rosee aspettative. Abbiamo registrato il tutto esaurito nelle sale dove ogni ora e mezza alcuni dei nostri partner e leader project incontrano coloro che vogliono conoscere più da vicino Barrymore Investment, il nostro lavoro, le nostre idee e le nostre ambizioni.»

«Signor Tarantino, Barrymore è una delle investment firm di maggior successo e reputazione in cui i migliori studenti ambirebbero a trovare un'occupazione; ci vuole spiegare quali sono le caratteristiche che dovrebbe avere un candidato per entrare in un team vincente come il vostro e soprattutto qual è il momento più opportuno per farsi avanti?»

«Oltre a una eccellente preparazione accademica con laurea in fisica, matematica o in casi molto rari anche economia, il nostro candidato ideale deve dimostrare l'assoluta padronanza di alcuni meccanismi comportamentali che cercherò di esporre brevemente: raffinate capacità persuasive in grado di influenzare il proprio interlocutore per ottenerne il consenso, spiccate capacità negoziali, attitudine al lavoro di squadra in contesti fortemente competitivi. Sono questi i caratteri distintivi che fanno di un uomo un vero leader e

Barrymore Investment è alla ricerca di giovani leader capaci di gestire i processi decisionali che governano la finanza moderna. Per quanto riguarda la seconda parte della sua domanda le rispondo che ogni momento può essere quello giusto, in quanto registriamo tassi di crescita del volume d'affari sempre più rapidi e importanti. Ciò è dovuto alla nostra capacità di proporre soluzioni d'investimento all'avanguardia persino a quei paesi a corto di cultura finanziaria. Per i più bravi e determinati le nostre porte saranno sempre spalancate, poiché la nostra espansione continuerà sino a quando anche l'ultimo contadino del pianeta non avrà acquistato un prodotto finanziario tagliato su misura per lui, ci può scommettere.»

«Signor Tarantino, lei è uno dei più autorevoli studiosi dell'economia sociale contemporanea, come pensa che si coniughino l'etica e gli affari all'alba del ventunesimo secolo?»

«I comportamenti etici sono parte integrante del nostro lavoro di tutti i giorni; non riusciremmo a immaginare un mondo in cui i rilevanti interessi economici in gioco prescindano da valutazioni più squisitamente umanistiche. La ricerca del profitto a vantaggio degli azionisti deve contemperarsi ai bisogni e alle attese di una comunità portatrice di molteplici e differenti esigenze.»

«Ringraziamo Timothy Tarantino per il suo prezioso contributo. Dal Covent Palace di New York per il momento è tutto. Un saluto da Lisa Swanfield, la linea torna allo studio.»

4

Roma
Piazzetta Fontanella Borghese
Sede italiana della Golden Rocks

Come il sibilo di un serpente prima di lanciare l'attacco, la stampante laser di Giorgio De Stefano sputava rapidamente i fogli dell'email appena inviatagli da Stephanie Walker, partner specializzato sulle materie prime, di base alla filiale di Hong Kong. Si trattava del rapporto sulle riserve di petrolio nel mondo. Grado di classificazione: segreto.

Stephanie era la terza di tre femmine, figlia di contadini della provincia dello Xin Gaza nella Cina sud orientale. Suo padre a lungo non si era dato pace per non essere riuscito ad avere un maschio.

Volendo evitare lo speciale trattamento che il governo cinese garantisce ai contadini che mettono al mondo più di due figli, le aveva riservato la stessa sorte della sorella secondogenita: venduta alla nascita. A Stephanie era toccata una famiglia australiana. La disgrazia di essere stata abbandonata dalla poverissima famiglia d'origine, che le avrebbe offerto una vita contadina ai limiti della sopravvivenza o tutt'al più una scomoda poltroncina in un bordello di ragazzine frequentato dai nuovi uomini d'affari, era stata compensata dalla fortuna di aver studiato nelle migliori scuole australiane. Il raro talento di cui era dotata le aveva consentito una carriera fulminea all'interno della Golden Rocks.

Aveva lavorato nelle filiali di Sydney e Buenos Aires, tre anni in giro per l'Europa e due negli Stati Uniti prima di diventare partner alla filiale di Hong Kong. Un risultato eccellente per una donna di trentacinque anni, che oltre a una intelligenza fuori del comune possedeva affascinanti tratti asiatici.

Quando rimaneva a Hong Kong, Stephanie trascorreva la maggior parte del poco tempo libero a disposizione in un piccolo tempio Shaolin, apprendendo i segreti del kung fu cinese. Sei mesi prima, durante una vacanza a Caracas, quei segreti le avevano consentito di mettere al tappeto due bestioni che avevano tentato di stuprarla aggredendola con un coltello.

Giorgio De Stefano guardò il piccolo orologio posizionato in basso a destra sullo schermo a led. Si rese conto che era già passata l'una. Di tutto aveva voglia tranne che di mettersi a leggere quel rapporto nel cuore della notte. Pensò che a Hong Kong aveva albeggiato da un po'. In modo del tutto involontario, la sua mente fu sopraffatta dal ricordo del sapore della pelle di Stephanie. Chiuse gli occhi riuscendo nuovamente a sentirne il profumo. C'era stato un tempo in cui quel profumo lo aveva inebriato. Per un attimo ebbe il dubbio che i giorni trascorsi insieme a lei fossero stati solo un sogno, un rapido e improvviso temporale all'equatore.

Spillò il rapporto e lo inserì in una cartellina trasparente di sottile plastica verde scuro. Assorto nei pensieri, ripose il documento con lentezza in una delle tasche a fisarmonica della voluminosa borsa di pelle invecchiata. L'avrebbe visto a casa con calma, l'indomani mattina.

Spegnendo le luci dello studio si era reso conto che anche quella sera dei suoi collaboratori non era rimasta traccia; erano scomparsi tutti.

L'ultimo aveva retto all'incirca sino a mezzanotte. Si era congedato con un timido saluto deferente, affacciando la testa alla porta della sua stanza in fondo al corridoio. Non poteva dargli torto.

Alle venti e quindici Giovanni, uno degli autisti della sede romana della Golden Rocks, era entrato nella spaziosa portineria ubicata nell'androne in basso e dalla linea interna aveva chiamato la sua segretaria particolare, la signora Valeria. Le aveva domandato verso che ora si doveva tenere pronto per accompagnare il dottore a casa o in qualunque altro luogo avesse avuto bisogno.

«Giovanni, il dottor De Stefano mi ha detto che anche stasera rimarrà sino a tardi in ufficio, non occorre che lo aspetti. Domattina alle otto lo passerai a prendere da casa, come al solito.»

«D'accordo signora Valeria» aveva risposto l'autista, entusiasta all'idea di potersi gustare almeno il secondo tempo della partita di Champions League seduto in poltrona in compagnia di una birra. Se non avesse trovato molto traffico per le strade di Roma, sarebbe arrivato a casa in tre quarti d'ora.

Prima di andare via a notte inoltrata, Giorgio De Stefano si era affacciato alla finestra dando una rapida occhiata alla piazzetta Fontanella Borghese, sotto il suo studio. Non c'era anima viva. Percorso il lungo corridoio, si era diretto verso l'imponente porta d'uscita. Aveva inserito il codice alfanumerico dell'allarme e chiuso il battente in legno con anima in acciaio, assicurandosi che il dispositivo elettronico fosse regolarmente scattato e le tre luci d'allarme si trovassero accese in posizione fissa, garanzia che tutte le vie di accesso agli uffici, comprese le finestre, fossero perfettamente sigillate.

Aveva sceso le quattro larghe rampe di scale che dal secondo piano portavano verso l'androne del palazzo. I gradini in marmo antico, leggermente sconnessi, erano coperti centralmente da un morbido tappeto di moquette rosso cardinalizio tenuto fermo da barre di ottone lunghe due metri e mezzo fissate con ganci bombati al sottogrado dei gradini.

«Buonasera dottor De Stefano» aveva detto la guardia giurata seduta nel gabbiotto in basso. Colta di sorpresa, aveva velocemente nascosto il libro che aveva tra le mani, *Un anno terribile*, e si era messa a guardare i monitor della videosorveglianza. Gli schermi erano divisi in quadranti. Su quello a destra scorrevano i fotogrammi dei tre lati liberi del palazzo e del tetto. Gli altri due schermi trasmettevano le immagini degli uffici e dei corridoi ormai deserti. Quelle stesse immagini, insieme alle altre provenienti dalle filiali Golden Rocks delle più importanti città del mondo, venivano registrate e trasferite in tempo reale alla sala allarmi del quartier generale di Londra. In quegli uffici non c'era denaro. I sistemi di sorveglianza servivano a proteggere qualcosa di più prezioso: informazioni economiche riservate, analisi politiche contenenti dati *sensibili*, strategie.

«Vuole che le chiami un taxi, dottore?» gli aveva domandato la guardia, senza riuscire a dissimulare l'imbarazzo per essere stata colta in flagrante con gli occhi ancora lucidi.

«Grazie, ma preferisco fare due passi; buona lettura» aveva risposto Giorgio De Stefano.

«Allora buona passeggiata dottore, a domani.»

Giorgio De Stefano rispose con il saluto della mano. La guardia giurata premette il pulsante per l'apertura del portone sulla strada continuando a osservare la sagoma del dottor De Stefano allontanarsi. Dietro quello sguardo gelido e impenetrabile, pensò, si doveva nascondere un animo nobile.

Per tornare a casa avrebbe potuto percorrere in diagonale la piazzetta, tirare dritto verso via dei Condotti, tuffarsi in Piazza di Spagna e risalire la scalinata di Trinità dei Monti. Ma non aveva mai amato quel percorso, troppo affollato di turisti anche di notte. Preferiva tagliare via Borghese, costeggiare via di Ripetta e camminare sul lungotevere in Augusta, ascoltando il fruscìo delle foglie degli alberi. Quando ne avesse avuto voglia avrebbe attraversato a destra e raggiunto l'abitazione passando per via del Babuino.

1285 kilometri a sud est di Roma, all'interno del recinto della Sōkrátēs Akadimias, Atene, sul lato ovest rivolto verso il Park Ilision, il quarantenne Niarkos Artotinis, invidiato armatore di terza generazione e padre della piccola Aikaterini di soli sette mesi, aveva allungato verso l'alto la mano destra, facendo attenzione a non perdere l'equilibrio. Dopo essersi accertato di avere unto la corda per circa quaranta centimetri di lunghezza, spalmandoci grasso di foca in abbondanza, aveva fatto scivolare indietro lo sgabello in legno dando una vigorosa spinta con la suola ancora lucida delle francesine nere a coda di rondine. Il peso del corpo aveva teso la corda come un elastico vicino al punto di rottura. Il cappio si era chiuso all'istante producendo la frattura della quarta e della quinta vertebra, come ebbero modo di constatare i medici legali dell'ospedale Kallirois incaricati dell'autopsia. *"L'uomo ha perso conoscenza pochi istanti dopo la caduta nel vuoto. Gli esami autoptici confermano che la morte è sopraggiunta per asfissia."* Era stata la conclusione cui erano giunti i due luminari.

Quella sera Niarkos aveva vagato senza meta per le strade di Atene. Sapeva perfettamente che entro le successive 48 ore, le sue ventuno navi sarebbero rimaste senza un goccio di carburante e lui non avrebbe trovato il coraggio per guardare negli occhi suo padre.

5

L'identificativo di classificazione *segreto* stampigliato insieme alla nota *dopo la lettura distruggere nei modi d'uso* accompagnava ciascuno dei quindici fogli del rapporto sulle riserve di petrolio nel mondo. La tabella riassuntiva con la vita media residua dei giacimenti per paese avrebbe potuto spiegare molte delle guerre scoppiate negli ultimi trent'anni, così come avrebbe aiutato a interpretare le sofisticate analisi politico-sociologiche culminate nell'individuazione degli stati canaglia. Era stata scoperta una sorprendente funzione matematica che aveva dato vita a una nuova figura geometrica, l'asse del male. Con grande senso di responsabilità, gli indiani d'America si erano tirati fuori da quella maledetta linea invisibile.

«Iran e Iraq» pensò Giorgio «stanno in testa all'asse del male, seguiti dal Venezuela, in combutta con l'immortale nemico Fidel. Miracolato, visto il numero di attentati andati a vuoto.» Espirò con uno sbuffo. «Ecco il Kuwait e la Libia.»

Giorgio De Stefano cercava di trovare la giusta concentrazione per studiare quei documenti. Dovevano servire a realizzare analisi per proporre soluzioni operative ai clienti Golden Rocks. Strategie su come posizionarsi sul mercato del petrolio. Non quello reale, ma semplicemente quello di carta, dei contratti *future*, il più profittevole. Pensieri insistenti lo distraevano. Con quei fogli in mano camminava lungo il lato del salone rivolto a est, verso la piazza; aveva l'incedere lento di un equilibrista sospeso a una corda ad alcuni metri d'altezza. Di tanto in tanto si fermava e alzando la testa volgeva lo sguardo verso la scalinata di Trinità dei Monti, sorseggiando il caffè lungo in tazza grande, unico ricordo ormai sbiadito di un lontano amore francese. Il vetro camera impediva il passaggio di qualsiasi rumore proveniente dall'esterno. Come ogni giorno, a breve i turisti si sarebbero impossessati della scalinata, incuranti della tramontana. Gli spazzini l'avevano appena finita di ripulire consapevoli che entro poche ore sarebbe tornata lercia di lattine e bottiglie abbandonate con assoluta nonchalance. Qualche giovane esuberante, forse, ci avrebbe anche pisciato sopra.

«Francesca...»
«Eccomi, arrivo... mi dica signor Giorgio.»

«Per favore, prima di andare via ho bisogno che mi prepari una valigia, rimarrò qualche giorno a Francoforte. Lei si prenda un po' di riposo sino a quando sarò fuori, la chiamerò al mio rientro.»

«Grazie, ne approfitterò per tornare in Abruzzo, è da Natale che non vedo i miei figli e non sa quanto mi mancano, lei è davvero molto gentile. A proposito signor Giorgio, è da un po' di tempo che volevo farle una confidenza ma non ho mai trovato il coraggio, però non ce la faccio proprio a tacere. So che non sono affari miei, ma glielo dico da mamma, credo che lei dovrebbe pensare di più a se stesso e alla sua famiglia, soprattutto adesso che la signora Sofia è in dolce attesa, dovreste trascorrere più tempo insieme. Mi creda, la giovinezza passa così velocemente che dedicarsi anima e corpo al lavoro può essere fonte di grandi pentimenti.»

«Temo che abbia perfettamente ragione, ma...»

«La compagnia dei genitori e delle sorelle le fa senz'altro bene, ma è soprattutto della sua presenza e del suo appoggio che la signora Sofia ha bisogno in questo momento. Stare tanto tempo fuori può andare bene quando si è scapoli, poi bisogna darsi una regolata. Ora che nascerà il bambino non potrà certamente passare un giorno a Parigi e quello dopo a Barcellona o chissà dove, dovrà pensare alla famiglia, cosa che non ha mai fatto mio marito, sempre in navigazione. Ma non me la raccontava mica sempre giusta sa, io di sospetti ne ho avuti.»

«Cara Francesca, a volte si è costretti a scelte obbligate e non è sempre possibile tornare indietro; la ringrazio ugualmente per il consiglio, lo terrò a mente.»

«Ho capito, buona giornata, e mi raccomando non si stanchi.»

Francesca spariva dietro la porta di antico legno bianco, intarsiato con motivi barocchi decorati ad oro e miracolosamente riportata a nuovo da sapienti mani artigiane. Giorgio De Stefano guardava in un punto indefinito della stanza, nuovamente sprofondato in quella sensazione che aveva preso ad angosciarlo dalle prime ore del suo mattino, più prossimo alla notte che alle prime luci dell'alba.

Dormiva solo quattro o cinque ore per notte, ma erano sufficienti a garantirgli una capacità di concentrazione che faceva di lui una punta di diamante della Golden Rocks, la società di consulenza di governi, istituzioni e grandi imprese multinazionali.

Era poco conosciuta al grande pubblico, ma i laureati delle più prestigiose università del mondo avrebbero fatto carte false per entrarci, per rimanere tutta la vita, ma anche, assai più prosaicamente, per essere inseriti dopo qualche anno di attività in uno dei ruoli chiave dei settori che realmente contano qualcosa. Quei business che fanno girare il mondo e i governi delle nazioni più potenti: acqua, energia, finanza, tecnologie militari.

«Sì, pronto?»

«Tu te la godi, amico mio. Scommetto che sei già seduto al bar di una piazzetta fuori mano, sole, cappuccino e una stuzzicante fanciulla…»

«Vincent sei tu, non so dove ti trovi ma qui sono appena le sette e mezzo e c'è un vento che non incoraggia; e poi sto per diventare papà. Tu?»

«Una vocina mi dice di non crederti, ma non ha importanza. Abbiamo lo stesso fuso, sono appena rientrato a Francoforte. Hai sentito l'ultima dal Medio Oriente?»

«No, che è successo?»

«In un discorso ad Abu Dhabi *junior* ha invitato i paesi arabi a sollevarsi contro l'Iran, definendolo il principale sponsor del terrorismo. Ha minacciato un blocco navale nel caso non decida di sospendere il processo di arricchimento dell'uranio.»

«Uhm, un blocco navale. Ci risiamo... cosa pensi che abbia voluto dire esattamente?»

«Ho qualche vaga idea, ma ciò che conta veramente è che la notizia ha scatenato il finimondo a Teheran. Migliaia di persone sono scese in piazza, hanno bruciato bandiere americane e lanciato pietre contro la sagoma di un fantoccio che aveva tutta l'aria di assomigliare al povero George. Non avendo a portata di mano l'ambasciata americana, hanno marciato verso quella inglese e lanciato bottiglie incendiarie contro i cancelli. A guidare il corteo c'erano i miliziani islamici basiji. Penso che la guerra in Iraq gli abbia dato molto credito tra i suoi, ma evidentemente non basta, vogliono di più. La mia impressione è che le minacce all'Iran siano solo un diversivo per distogliere l'attenzione dal prossimo bersaglio: vogliono riprendersi Cuba!»

«Cuba» ripetè Giorgio, senza tradire nessuna emozione. «Potresti avere ragione, di sicuro le sue parole sono servite ad aumentare la tensione sul prezzo del petrolio. I centocinquanta dollari al barile sono un obiettivo ambizioso, ma ho la sensazione che siano ormai a portata di mano e saranno in molti a festeggiare» aveva risposto Giorgio.

«Ascolta bene quello che ti dico, *junior* si prepara a chiudere il secondo mandato con il grande botto: una pensione dorata nell'isola dei sogni in compagnia di tanti amici e una bella foto sorridente sui libri di storia, *hasta siempre Comandante!*»

«Vincent frena l'entusiasmo, e per favore al telefono lascia perdere, sai com'è in Italia, la linea potrebbe essere... in ogni caso stiamo divagando un po' troppo. La nostra isla si chiama Francoforte e come sempre è grigia e fredda, ma le tue bizzarre teorie mi intrigano.»

«Stuzzico i tarli della tua testa. A cena sei mio ospite in quel ristorante sulla Babenhäuser Landstrasse, il tema della nostra serata sarà la fantapolitica.»

«D'accordo a più tardi, faccio un salto in albergo e ci vediamo alle otto.»

«A dopo, fai buon viaggio.»

I due Pathstream Advance 3000 con la livrea azzurra in tonalità degradante verso la prua, con ai lati del timone il profilo dell'orso bianco, simbolo della Golden Rocks, attendevano nell'area di parcheggio B dell'aeroporto di Ciampino, riservata ai voli privati. I comandanti, insieme agli equipaggi, si alternavano sorridenti. Era un vero piacere accompagnare da un capo all'altro del pianeta i manager della Golden Rocks. Un lavoro tranquillo e ben retribuito, lontano dall'insopportabile caos dei voli di linea.

6

Volo Lufthansa LH 405
New York JFK Int/Frankfurt Main

«Signor Guttenberg, se desidera un aperitivo abbiamo blinis con burro e caviale persiano, terrina con melone sottaceto e confit di anatra saltata.»

«Invitante, quasi quanto il suo sguardo. Mi porti del blinis al caviale e da bere vodka Oksana ghiacciata, grazie.»

Con un garbato sorriso e non dando nessun peso a quel genere di commento cui era abituata, l'hostess prese l'ordinazione del consigliere della Banca Centrale Europea e scomparve dietro la porta in mogano che conduceva alla piccola cucina di bordo della prima classe.

Il signor Guttenberg aveva aperto il laptop per controllare la posta elettronica. Dopo, come di consueto, avrebbe iniziato a esaminare i rapporti sullo stato dell'economia nell'area euro con i raffronti interni e internazionali: mercato del lavoro, tassi di cambio delle valute, bilancia dei pagamenti, fiscalità, scenari a medio e lungo termine. Solo al termine di quella lunga e laboriosa lettura avrebbe trovato il tempo per guardare la rassegna stampa selezionata dal suo staff di Francoforte.

Le notizie provenienti dall'ufficio studi della BCE sullo scenario macroeconomico mondiale confermavano un inevitabile quanto prossimo rialzo dei tassi di interesse. Si iniziavano a far sentire gli effetti dovuti al miglioramento delle aspettative economiche. Le banche centrali nazionali non avrebbero potuto trascurare i segnali di una congiuntura economica che improvvisamente volgeva al bello. L'eccesso di liquidità stava contribuendo a surriscaldare i prezzi e le dichiarazioni dei banchieri centrali avevano assunto un tono di maggiore aggressività sulle decisioni di politica monetaria da intraprendere.

Le pressioni inflazionistiche determinate dai prezzi delle materie prime, in particolare del petrolio, che dai venti dollari del 2000 era raddoppiato nel 2003 e quasi triplicato nel 2006, con previsioni rialziste anche per il triennio seguente, lasciavano pochi dubbi sulla direzione che avrebbero preso i tassi.

Il consigliere Guttenberg guardava con soddisfazione il contenuto dei report. L'adozione di una strategia tesa a creare timori per il repentino quanto inaspettato rialzo dell'inflazione aveva sorpreso tutti i maggiori commentatori e giornalisti finanziari. Ormai nessuno più pensava alla causa, alle circostanze e alle azioni che potevano averla innescata, ma soltanto all'effetto generato e a come riuscire a mitigarne la sua drammaticità.

Gustav Etienne de Chatillon stava finalmente gettando semi per il nuovo progetto accennatogli solo alcuni giorni prima con la richiesta di un parere. Una chiacchierata confidenziale tra vecchi amici.

L'unica nota stonata veniva dalla relazione tecnica di quel bastardo di Felipe Alonso, provocatoriamente intitolata '*Solo chi vive su Marte può pensare a un rialzo dei tassi.*'

«Ma chi crede di essere questo gran figlio di puttana?» pensò Guttenberg. Ancora una volta, Alonso stava dimostrando di non volersi allineare alle indicazioni fornite dal consiglio direttivo della BCE su cosa poteva essere scritto e cosa *doveva* essere taciuto.

Continuava a sostenere che l'inflazione era il risultato di meschine manovre speculative sui prezzi delle materie prime e che non aveva niente a che fare con il reale stato dell'economia. Sobillava gli animi affermando che nel ventesimo secolo, a ogni rialzo dei tassi, era sempre seguita una drammatica recessione. Felipe Alonso riteneva che la perdita di potere d'acquisto dei salari era la diretta conseguenza dell'adozione di un paniere per il calcolo dell'inflazione ponderato esattamente come una bilancia taroccata che di lì a poco avrebbe provocato un drammatico collasso economico.

Alonso poteva anche avere ragione, ma a Guttenberg non importava. Quelle idee fuori del coro non dovevano essere divulgate. Non era più rinviabile l'approvazione di una delibera per rimuoverlo dall'ufficio studi della Banca Centrale Europea insieme a tutti gli economisti del suo team. Loro sarebbero stati trasferiti in qualche innocua divisione a occuparsi di banconote o statistiche, lui sarebbe stato promosso e distaccato a un'unità periferica dell'emisfero australe, tanto lontana quanto inutile. Laggiù avrebbe potuto fare di tutto tranne che elaborare pericolose analisi macroeconomiche. «Promoveatur ut amoveatur, è così che si è sempre fatto» pensò Guttenberg. Niente di più efficace e sbrigativo per sbarazzarsi di un elemento che diventava sempre più insidioso. Il viso di Guttenberg si rasserenò. Si rilassò ricordando quei giochi logico analitici che aveva elaborato durante gli anni di studio trascorsi alla facoltà di Matematica dell'Università di Wachovia. Notti insonni che a volte regalavano scoperte sorprendenti, come riuscire a individuare un baco capace di ingannare il cervello generando un momentaneo corto circuito che induceva la mente a un inconsapevole percorso obbligato.

Annuì soddisfatto, consapevole che anche questa volta solo in pochi erano riusciti a capire cosa stesse davvero accadendo e nessuno avrebbe potuto fermare il corso degli eventi. Neanche Alonso.

Guttenberg sorrise beffardamente; pensò a come era facile prendersi gioco delle persone, riuscire a deciderne le sorti, le fortune e molto più frequentemente le sfortune. Individui più simili alle bestie che alla specie capace di straordinarie conquiste artistiche, scientifiche e tecnologiche. Come potevano esistere uomini che impiegavano il loro tempo ad una catena di montaggio o in un call center? Vite bruciate per guadagnare denaro con cui a malapena arrivare alla fine del mese. Miseramente. Ma anche quei sub-umani servivano al suo scopo. Un disgustoso sorriso apparve sulle sue labbra sottili.

«Signor Guttenberg, desidera un'altra vodka?» domandò una nuova hostess raccogliendo il bicchiere vuoto dal tavolino estraibile posto alla destra della poltrona.

«Un'altra vodka» rispose Guttenberg con un cenno della testa senza fiatare, con quel sorriso beffardo ancora impresso sulle schifose labbra biancastre.

Quando viaggiava in aereo i film non lo interessavano. Era attratto dalle immagini in movimento della terra proiettate dal satellite e trasmesse da uno dei canali dello schermo a cristalli liquidi della poltrona.

Guardava incessantemente quei dati come se fosse parte attiva, co-pilota del pilota automatico che governava l'intero aeromobile. Percepiva, o almeno credeva di poterlo fare, ogni minima variazione di altitudine, ogni cambiamento della velocità generato dalla pressione del vento sulla fusoliera. Sentiva la reazione dell'apparecchio alla forza aerodinamica trasmessa dalle ali, alla forza di trazione dei propulsori. Tutto era sotto controllo. Il suo monitor continuava a tracciare la rotta dall'origine alla destinazione finale con piccoli segmenti vettoriali intervallati dalla minuscola immagine dell'aereo che avanzava impercettibilmente. La longitudine sembrava un conto alla rovescia. Le coste degli Stati Uniti si allontanavano mentre ci si avvicinava sempre più rapidamente al centro dell'oceano. Un guasto ai motori dell'aeromobile o un semplice malore da avvelenamento di entrambi i piloti sarebbe stato fatale. L'esplosione di una bomba nascosta all'interno del bagaglio di un passeggero kamikaze avrebbe potuto ridurre a niente la sua vita schiantando il corpo negli abissi, cibo per specie sconosciute. Dubitava che le valige imbarcate fossero rigorosamente controllate al metal detector, ma la vodka riusciva a smorzare ogni tensione.

SECONDA PARTE

7

Francoforte
Babenhäuser Landstrasse

«Amico mio, vieni qui fatti abbracciare, com'è andato il viaggio?» domandò Vincent.

«A parte l'atterraggio un po' macchinoso, è stato tutto perfetto.»

«Sofia? Come sta?»

«È entrata nel settimo mese, inizia a vedersi una bella pancia. Kate, a New York?»

«Quando ci siamo sentiti sì, oggi non so. Avrebbe dovuto raggiungermi questa settimana per stare qualche giorno insieme, l'ho chiamata ieri sera e mi ha detto che c'è stata un'emergenza; deve andare in Guatemala per tirare fuori dai guai una ragazza, la figlia di un pezzo grosso del Congresso che ha molestato un bambino di strada a Villa Nueva. Che vuoi che ti dica, sembra che il dipartimento di Giustizia degli Stati Uniti sia a corto di avvocati, stare insieme è diventata un'impresa impossibile.»

«Non credo che il dipartimento abbia pochi avvocati, semplicemente non sono molti quelli in gamba come Kate.»

«Forse hai ragione, ma la sua bravura non fa bene al nostro rapporto e non aiuta i bambini di strada... Giorgio, io lavoro come un cane quindici ore al giorno, un paio di volte al mese mi invento una trasferta a New York per poter stare più tempo insieme a lei, sette ore di volo più un'ora di macchina per arrivare a casa. Come minimo mi aspetto di trovarla sorridente e a braccia aperte e invece no; c'è il giorno del summit straordinario con lo staff del capo dipartimento, la riunione fiume sino alle tre di notte, le partenze improvvise; e quando stiamo insieme sta sempre lì a pensare, ad arrovellarsi il cervello per trovare la soluzione ai guai del mondo. Tutto il tempo attaccata a quel maledetto palmare. Ultimamente la vedo cambiata, ogni volta che ci incontriamo non facciamo che litigare. Scusami, sto diventando patetico.»

«Non devi scusarti. Sai, proprio stamattina, con assoluta nonchalance, la signora che mi sistema la casa mi ha detto che dedicarsi anima e corpo al lavoro può essere fonte di grandi pentimenti. Inizio a credere che in fondo abbia ragione, mi dici a che serve lavorare così tanto se poi non si ha il tempo per vivere o per guardarsi semplicemente negli occhi?»

«Già, forse è l'unica ad avere ragione. Lavori anche troppo ma ti trovo in gran forma, non ci vediamo da un mese eppure ho l'impressione che tu stia ringiovanendo.»

«Avrò perso un altro chilo, a volte dimentico persino di mangiare.»

«Allora non perdiamo altro tempo, per farti sentire a casa ho ordinato del Primitivo.»

«Ottimo, anche se duemila chilometri più a nord perde un ingrediente fondamentale: questo vino va bevuto in campagna, godendosi la brezza del maestrale quando il sole estivo inizia a calare e sembra un incendio che si spegne lentamente, va assaporato guardando il confuso agitarsi delle foglie degli alberi di ulivo. Le chiome di quelli secolari assomigliano ai capelli pazzi di un maestro d'orchestra sbatacchiato da un delirante Rachmaninov. Pensa che ci sono turisti così affascinati dalla loro magnificenza che rimangono a fotografarli per delle ore sotto gli occhi orgogliosi della gente del posto. Sarà l'aria della campagna che si scontra col profumo del mare, saranno i ricordi o le suggestioni che ti provocano certi paesaggi. Sto divagando e poi non voglio annoiarti con la mia malinconia, non è questo il tema della serata.»

«La versione poetica di un pugliese non l'avevo ancora scoperta, molto interessante, ah, ah, ah!» Rispose divertito, Vincent.

«Lascia perdere e dimmi che ti passa per la testa, al telefono mi sembravi particolarmente eccitato.»

«Uhm, forse hai ragione ma più che eccitato direi confuso, sono talmente tanti i pensieri che si accavallano nella mia testa in questo momento...»

«La tua testona assomiglia a una monoposto di formula uno in pieno rettilineo, corre a una velocità che noi esseri mortali possiamo solo sognarci di raggiungere, assolutamente folle.»

«Mi stai prendendo in giro, ma se voleva essere un complimento da te lo accetto volentieri.»

«Dico davvero, la Golden Rocks seleziona il personale come neanche la NASA, lo paga dieci volte tanto eppure sono sempre troppo pochi quelli bravi come te, è per questo che non ti mollerebbe per nessuna ragione al mondo. Non saremmo riusciti a restare i numeri uno senza la tua testa; non c'è banca d'affari che non si rivolga a noi per il lancio di un qualsiasi prodotto finanziario sofisticato: derivati, strutturati, credit default swap. Le nostre idee sarebbero perfettamente inutili senza le tue complicatissime formule.»

«Giorgio, basta! Non ho voglia di sentire le tue cazzate!»

«Ehi, che cavolo ti prende?»

«Scusami, non ce l'ho con te, è solo che la storia dei derivati mi sta tormentando, non immaginavo che il mio lavoro potesse causare così tanti danni.»

«Ma che stai dicendo, di che danni stai parlando?»

«Ho l'impressione di avere distrutto la vita di milioni di persone. Mi spieghi che ci fa un matematico in una società di consulenza economica? All'inizio ho pensato che si trattasse di una moda, come quella di assumere un filosofo in una società chimica o stronzate del genere. Non riuscivo a capire cosa ci fosse di così straordinario nel mio lavoro; con quelle maledette applicazioni sono diventato milionario, credevo di lavorare in una società di pazzi, non avrei mai immaginato quanti soldi si potessero fare con la matematica. In realtà sono stato uno stupido a non pensare, me lo ripeto di continuo; solo un ingenuo o un delinquente può fare finta di niente di fronte a quei guadagni spropositati. Poi mi sono svegliato, sono stato costretto a farlo. Qualche settimana fa, mentre correvo a Regent Park con l'ipod al massimo, un tipo mi si è affiancato e mi ha dato una gran pacca sulle spalle. Ero talmente assorto nei pensieri che mi sono spaventato, lui mi sorrideva come se mi conoscesse da sempre. Mi deve essere venuto un sorriso idiota perché lo guardavo senza avere la più pallida idea di chi fosse.»

«Vincent, ehi Vincent sono Peter, non mi riconosci più?»

«Ci misi alcuni secondi che sembrarono interminabili per riconoscere in quella faccia avvizzita il volto del mio compagno di scuola Peter Duncan.»

«Peter, certo... sei rimasto tale e quale. Sono solo sorpreso di incontrarti.» «Risposi con poca convinzione. Sembrava un vecchio e puzzava di alcol.»

«È una vita che non ci vediamo e ti incontro che fai jogging al parco come un ragazzino, proprio dietro la nostra scuola. Per oggi può bastare, andiamo, ti offro un bicchierino.»

«Peter grazie, ma oggi davvero non posso, ho un appuntamento tra meno di un'ora e ho giusto il tempo di rientrare per una doccia.»

«Domani sera allora, facciamo domani sera.»

«Non mi dette neanche il tempo di rispondere che aggiunse» «*A te è andata bene, eh? Le voci corrono e ho saputo che sei diventato un pezzo grosso della finanza, ma non penserai mica che sia una ragione valida per rifiutare un goccetto in compagnia di un vecchio amico?*»

«*Ehi Peter, che ti salta in mente? Come puoi pensare una sciocchezza del genere?*» «Mi sentii un idiota ascoltando le mie parole imbalsamate.» «*D'accordo, domani sera alle sette ci vediamo al Crillon, a Camden.*»

«*Il Crillon certo, ti tratti bene, roba di lusso*» «disse Peter con le guance leggermente arrossate. Non sapevo se fosse per l'imbarazzo o per tutto l'alcol che aveva in corpo. Avrei dovuto chiedergli dove preferiva andare, ma non feci in tempo a rispondere che si allontanò sventolando la mano in aria in cenno di saluto.» «*Al Crillon, alle sette. A domani Vincent.*»

«Ripresi a correre pensando a come mi aveva guardato e alla sua aria trasandata, ne fui imbarazzato. Sin da bambino le disgrazie della gente mi gettavano nello sconforto. Forse anch'io avevo suscitato quelle sensazioni. Aumentai l'andatura per provare a scacciare via quei pensieri, ma non fui in grado di cancellare la miseria che Peter si portava negli occhi.

«La sera successiva alle sette in punto ero seduto al bar del ristorante. Peter non era ancora arrivato, ordinai uno scotch. Dopo quasi mezz'ora il cameriere si avvicinò chiedendomi se desiderassi accomodarmi al tavolo. Risposi di no.» «*Aspetto un amico.*»

«Passarono altri dieci minuti, lo vidi entrare con aria trafelata guardandosi attorno per individuarmi. Il cameriere intuì che era la persona che attendevo, si scambiarono qualche parola e gli indicò il bancone del bar dove ero appollaiato.»

«*Scusami Vincent ma ho fatto una corsa dalla metro, non credevo fosse così distante, un tempo in città giravo in taxi...*»

«Ebbi la netta sensazione che l'incontro al parco non fosse stato casuale, sparava frasi che sembravano proiettili.» «*Non preoccuparti, mentre aspettavo ho bevuto qualcosa, tu cosa prendi?*»

«*Oban con ghiaccio, grazie.*»

«*Oban con ghiaccio*» «ripetei al cameriere incamminandomi verso il nostro tavolo in prossimità della finestra ad angolo, l'unico rimasto libero e ancora immacolato.»

«*Allora Peter, raccontami di te, è un secolo che non ci vediamo.*»

«Non riuscivo ad avere un tono rilassato e le parole mi uscivano ingessate, la sensazione di essere cascato in un appuntamento programmato si accentuò. Credo che lui lo avvertì.»

«*Mi sono sposato otto anni fa e sono padre di due bellissime bambine. Guarda, questa è la foto della mia famiglia; mia moglie Barbara, Kira di cinque anni e Janet di tre. Sono i miei gioielli.*»

«*Sono davvero molto belle, complimenti.*»

«*E tu? So che a te è andata molto bene, sei diventato uno dei manager più importanti della City.*»

«*Non posso lamentarmi, ma dire che sono uno dei più quotati... e poi è un traguardo che non mi ha mai interessato.*» «Aveva ripetuto la stessa frase detta il giorno prima al parco.»

«*Ah Vincent, il solito modesto; non c'è niente di male ad avere fatto fortuna.*»

«*Se devo essere sincero, ho davvero poco in comune con quelli che vedi trotterellare nella City o a Canary Wharf, vestiti con eleganti abiti sartoriali e aria impegnata. Lo sai che la mia passione era la musica, ma il più delle volte le passioni nascondono solo grandi delusioni.*»

«*Studiavi pochissimo ma eri il migliore, l'insuperabile Vincent. Noi altri ci dannavamo, mentre tu trovavi le soluzioni con una semplicità che ci faceva sentire dei perfetti idioti.*»

«*Nessun merito, solo intuito e fortuna.*»

«*Già, quella che è mancata a me. A parte la famiglia che è meravigliosa e mi dà la forza per andare avanti il lavoro è stato un disastro, anche se all'inizio le cose andavano molto bene. Ho cominciato come dipendente per qualche anno, poi nel 2002 ho rilevato una impresa edile. Il settore tirava talmente tanto che dopo tre anni avevo quasi mille dipendenti. Casa di lusso, automobili sportive, bei ristoranti e un sacco di soldi. Cinquanta milioni, ero riuscito a mettere da parte cinquanta milioni di sterline.*»

«*E poi? Che è successo?*»

«*Avevo voglia di ingrandirmi e di fare il salto di qualità, volevo che la mia diventasse una grande impresa in grado di competere con le più importanti del Regno Unito e poi chissà. Tu mi puoi capire, un uomo ha bisogno di darsi obiettivi ambiziosi. Avevo concluso una trattativa per l'acquisto di un suolo di ottanta acri a Millwall dock. Dovevo costruire nove torri: un immenso complesso con uffici, sale congressi, negozi di lusso e persino un nove buche al coperto.*»

«*Deve essere strepitoso, il rimedio contro la pioggia.*» «Percepii una crescente ostilità nella sua voce.»

«*È vero, era un progetto avveniristico. Mi rivolsi alla Seldom Brothers. In realtà furono loro i primi a farsi avanti quando prospettai l'affare alle banche. Ero già un cliente importante, ma in quella occasione mi accolsero con tutti gli onori. Fui invitato al quartier generale dal capo della Seldom Brothers, Claude Gaverick. Gli presentai il progetto e lui si mostrò entusiasta. Mi disse che non dovevo utilizzare neanche un penny del mio denaro, la banca si sarebbe fatta carico dell'intero investimento. Potevo tenere i miei cinquanta milioni e magari utilizzarli per qualche buon investimento finanziario. Con lui c'era Nick O'Reilly, della divisione private banking. O'Reilly mi parlò di interessanti opportunità nel campo delle obbligazioni dicendo che i miei risparmi andavano tutelati, che dovevo pensare al mio futuro e a quello della mia famiglia e che la banca aveva prodotti finanziari per qualsiasi esigenza. Avevo bisogno di cinquecento milioni e loro me ne offrirono seicento.*»

«Non si sa mai caro ingegnere, strada facendo potrebbero venirle in mente altre idee ambiziose.»

«*Mi proposero di investire quaranta milioni delle mie sterline in obbligazioni della banca americana J.C. Logan e dieci milioni in una polizza assicurativa, dicendomi che era come se acquistassi titoli della Banca d'Inghilterra con un rendimento maggiore. Quasi tutti i risparmi. Feci il finanziamento firmando una valanga di carte. Dopo alcuni giorni, Gaverick mi telefonò dicendomi che voleva presentarmi un collega della divisione finanza.*» «Ci possiamo vedere domani mattina, va bene alle undici?» «*domandai.*» «D'accordo ingegnere, saremo da lei alle undici in punto.» «*In ufficio mi dissero che erano molto soddisfatti di avere concluso quel finanziamento con la mia azienda.*» «Ingegner Duncan, la sua azienda rientra nel novero delle controparti con le quali la nostra banca desidera avere un rapporto privilegiato. Per i nostri clienti più importanti abbiamo messo a punto operazioni derivate che si stanno rivelando fondamentali per una corretta gestione finanziaria.»

«*Mi spiegarono che la proposta serviva a garantirmi un'assoluta tranquillità nella restituzione del finanziamento che avevo sottoscritto, attraverso un particolare strumento derivato che agiva sulla leva dei tassi. Avrei potuto anche guadagnarci qualcosa se fosse andata come loro prevedevano. Mi convinsero della bontà di quella operazione e firmai il contratto. Mi invitarono a colazione. Brindammo alla mia assicurazione sul futuro, tale la definirono. La settimana successiva davo un party per il trentaduesimo compleanno così pensai di invitarli, ma risposero dispiaciuti che in quegli stessi giorni sarebbero stati alle Barbados con lo stato maggiore della banca. Un'occasione per discutere e festeggiare gli eccellenti risultati del trimestre precedente. Intuii che erano abituati a quel genere di eventi. Mi confidarono che ogni tre mesi si recavano in una località esotica diversa.»*

«Ingegner Duncan, tra uomini ci si intende, in realtà si tratta di lussuose vacanze a base di ostriche, champagne e belle fanciulle» *«aggiunsero con ammiccante tono di complicità.»* «Inoltre, l'amministratore non riesce proprio a fare a meno dei cioccolatini piccanti, soprattutto di quelli più giovani…»

«Quattro mesi dopo quell'incontro inaugurai il mio cantiere faraonico. Un'opera gigantesca nel cuore di Londra. I lavori procedevano speditamente, non ci fermammo un solo giorno neanche ad agosto, si lavorava per turni continui di otto ore comprese le domeniche. Iniziammo a vendere gli uffici più prestigiosi dei piani alti che non avevamo ancora completato i solai dei sotterranei. Ero fiero di vedere crescere sotto i miei occhi una creatura che sarebbe diventata meta di pellegrinaggio per chiunque fosse venuto a Londra, da visitare al pari di Buckingam Palace, Westminster o Canary Wharf.

«Ai primi di ottobre il capo contabile si precipitò nel mio ufficio dicendomi che probabilmente a causa di un errore la Seldom Brothers aveva addebitato uno dei conti della società per poco più di due milioni di sterline. Guardai l'estratto conto e gli confermai che sicuramente doveva essere stato un errore.»

«Chiami in banca e faccia stornare l'addebito» *«gli ordinai.»*

«Mi allontanai lasciando detto di chiamarmi sul cellulare per ogni urgenza. Sapevo di mentire. Il telefonino avrebbe squillato a vuoto sino alla fine del round pomeridiano di golf.

«Sorridevo tra me, pensando che di lì a qualche mese sarei stato il presidente del più suggestivo golf di Londra, un'oasi di pace nel cuore della città. Avrei ricevuto richieste di iscrizione dai più eminenti rappresentanti della buona società. Al termine del round, a pomeriggio inoltrato, vidi che mi avevano cercato più volte dall'ufficio. Di qualsiasi cosa si fosse trattato me ne sarei occupato con calma l'indomani mattina.

«Come di consueto arrivai in ufficio intorno alle sette. Non c'era nessuno tranne l'incaricato alla vigilanza. Mi piaceva guardare in solitudine il nascere del giorno, bevendo caffè in tranquillità. Accesi il televisore e iniziai a sfogliare il Daily News. In prima pagina c'era la foto del cadavere del quarantaduesimo ragazzino accoltellato a

Londra dall'inizio dell'anno. Notai che il capo contabile aveva lasciato un appunto scritto a matita sulla copia dell'estratto conto della Seldom Brothers. Dopo aver letto degli inutili tentativi intrapresi dal Governo per fermare la carneficina di giovani adolescenti, lessi la scritta 'differenziale su tassi' con una freccia che puntava dritta su una cifra di poco superiore ai due milioni. Quella non spiegazione mi irritò. Intorno alle otto e mezzo iniziarono ad arrivare alla spicciolata i primi impiegati, quelli che venivano da più lontano costretti a lunghi viaggi in treno. La mia segretaria aveva la solita aria trafelata di chi si è alzato alle cinque del mattino. Fiondatasi nel mio ufficio d'un fiato disse «Ingegnere, abbiamo passato il pomeriggio al telefono con i funzionari della Seldom, ma nessuno ci ha saputo dare una risposta sensata sull'addebito dei due milioni, dicono che dal loro computer risulta solo la specifica *'differenziale su tassi'*, nient'altro. Ho provato a chiamarla per tutto il pomeriggio. Il capo contabile le ha lasciato un appunto, lui oggi è in ferie perché si laurea la figlia maggiore, cosa facciamo?»

«Sally tranquillizzati» *«le risposi»* «più tardi chiama in banca e chiedi del signor... come diavolo si chiama quel tizio, devo avere il suo bigliettino, eccolo qui, devi chiedere di *Claude Gaverick* capo divisione corporate, vedrai che sistemerà ogni cosa.

«Intorno a mezzogiorno Sally ritornò per dirmi che aveva provato a cercare Gaverick, ma le avevano risposto che era in riunione. Tutta la mattina in riunione. Alle cinque si ripresentò dicendomi che aveva trascorso l'intero pomeriggio al telefono senza riuscire a parlarci. Le sue parole mi infastidirono. Le dissi di lasciare perdere e di riprovare l'indomani mattina. Se non ci fosse riuscita, avrebbe dovuto chiamare il direttore della sede centrale dove avevamo i conti.

«Il giorno seguente Gaverick continuò a essere un fantasma. Parlai con Mark Smith, direttore della sede di Canary Wharf. Anche Smith disse che l'addebito era dovuto a un 'differenziale su tassi' ma per darmi notizie più precise avrebbe dovuto interpellare l'area finanza. Garantì che mi avrebbe richiamato entro il giorno successivo. Così fece. Mi confermò che l'addebito era legato all'operazione di copertura dai rischi di tasso che avevo concluso con Gaverick e i suoi esperti. Aggiunse che Claude era fuori Londra e sarebbe rientrato dopo una settimana.

«Due milioni di commissioni? Ma siete impazziti?» *«Fu la sola frase che riuscii a pronunciare prima che Smith mi interrompesse, rassicurandomi che avrebbe fatto immediati approfondimenti per capire cosa fosse accaduto. Dopo un paio d'ore, Smith mi ritelefonò dicendomi che gli esperti dell'area finanza volevano incontrarmi per discutere del contratto derivato. Andai in banca. Con tono pacato e cordiale da banchieri, vollero innanzitutto tranquillizzarmi.»*

«Caro ingegner Duncan è necessario rimodulare il suo contratto, dobbiamo renderlo più rispondente alle nuove condizioni di mercato.»

«Per tenere sotto controllo l'inflazione, la Banca d'Inghilterra aveva stabilito di avviare un progressivo rialzo dei tassi.» «Bisogna giocare d'anticipo!» *«Mi fu detto. La loro spiegazione non mi era affatto chiara, ma non ero un esperto di finanza e temendo che mi sfuggisse qualche preziosa nozione di economia - che quei signori sembravano invece padroneggiare - ascoltai con ammirazione le loro spiegazioni sullo scenario macro-economico mondiale. Sembrò di assistere a una lezione accademica. Mi fidavo di quella gente, mi avevano dato seicento milioni e parlavano con la sicurezza di capitani coraggiosi nel mare in burrasca. Aggiunsero che avrei recuperato i due milioni grazie a un intervento straordinario sulle condizioni del finanziamento di seicento. Avevano già presentato istanza al consiglio d'amministrazione della banca.*

«Tanto bastò, la notizia mi risollevò il morale e il clima divenne sereno. Colin Dickinson, il responsabile dei prodotti derivati, si avvicinò con fare amichevole. Poggiandomi un braccio sulla spalla disse che grazie alla rimodulazione del contratto tutto si sarebbe risolto. Avremmo ricordato quella disavventura come un banale incidente di percorso.

«Colin era una persona affabile, si poneva in maniera amichevole e sembrava aver preso a cuore le mie ragioni. Aveva già preparato tutto, la firma sul nuovo contratto avrebbe automaticamente estinto il precedente. Le sue parole mi rinfrancarono e firmai senza esitazione. Ringraziai Smith e Dickinson per ciò che stavano facendo per la mia azienda.» «Ingegner Duncan, lei potrà sempre contare sulla lealtà della banca e sulla nostra parola di gentiluomini.»

«Ritornai in ufficio. I lavori continuavano senza sosta e i compratori diventavano sempre più numerosi grazie a un impeccabile lavoro dell'ufficio marketing. Il mio umore era alle stelle; sentivo di essere a un passo da una meta inimmaginabile solo pochi anni prima. La mia impresa avrebbe potuto competere con i giganti delle costruzioni. Vincent, non so se riesci a capire come mi sentivo.»

«Non lo so, posso solo immaginare la sensazione che si prova quando si è realizzato un sogno. Ma continua, cos'altro è accaduto?»

«*A metà dicembre ricevetti una lettera dalla Fillymore bank. Con la Fillymore avevo un fido di un milione scarsamente utilizzato. Mi comunicavano la revoca della linea di credito con effetto immediato, e la richiesta di azzeramento dell'esposizione entro cinque giorni. Poco più di trecentomila sterline. Ne fui sorpreso. Avevo la fila di banchieri che bussavano alla porta per offrirmi nuove linee e loro decidevano di tagliarmene una che in quel momento era insignificante. Non mi ero ancora reso conto che il mio incubo stava per cominciare.*

«*Chiamai il referente in Fillymore per chiedere spiegazioni. Era un amico di famiglia, ci conoscevamo da sempre. Mi disse che era davvero dispiaciuto per la decisione presa, ma vista la situazione in atto nella mia azienda quella era l'unica strada percorribile.* «Ehi Paul, ma di che stai parlando?» «*gli domandai al telefono.*»

«Peter, il problema è solo il *mark to market* sul derivato; con una perdita potenziale di ottanta milioni non potevo fare diversamente, credimi, io ho piena fiducia in te e nella tua azienda ma devo pararmi il culo se qualcosa dovesse andare storto.»

«Ottanta milioni? Ma che stai dicendo?»

«Ascoltami Peter, da alcuni mesi le banche sono obbligate a segnalare le posizioni in prodotti derivati e a fine ottobre la tua azienda è esposta per più di ottanta milioni. Peter, io sono un semplice funzionario e devo fare ciò che mi viene ordinato dai piani alti, è solo questo il motivo, niente di personale.»

«*Chiesi a Paul di incontrarci perché volevo capire, la sua spiegazione non mi era affatto chiara. Quando ci vedemmo mi mostrò il dettaglio dei fidi concessi alla mia azienda; accanto alla voce 'esposizione su prodotti derivati' era scritto 'ottanta milioni'. Disse che il contratto che avevo firmato con la Seldom Brothers aveva causato una perdita potenziale gigantesca. Domandai come era potuto accadere. Rispose che quei contratti, nati davvero per controllare i rischi finanziari, erano stati infiocchettati per consentire alle banche di realizzare utili astronomici e ai loro venditori di incassare bonus milionari e viaggi nei più esclusivi paradisi terrestri. Tutto incluso.*

«*Mi sentii mancare la terra sotto i piedi. Chiesi a Paul di lasciarmi quella documentazione. Rispose di no. Disse che non voleva essere immischiato in quella faccenda, poteva essere pericoloso. Mi suggerì di chiedere una copia alla Banca d'Inghilterra.* «È tuo diritto ottenerla.»

«*La mattina seguente mi recai in Banca d'Inghilterra e mi feci consegnare una copia della posizione complessiva di rischio della mia azienda. Con quell'incartamento andai alla Seldom Brothers e chiesi di parlare con Mark Smith e Colin Dickinson. Mi risposero che se ne erano andati tutti e due in un'altra banca della quale non erano autorizzati a fornirmi il nome. Domandai di Claude Gaverick ma anche lui si era dimesso.* «In tutta confidenza le dico che tutti e tre hanno accettato incentivi che solo uno stupido rifiuterebbe, e non si può certamente dire che quei tre siano degli sprovveduti», *«aggiunse il mio interlocutore.*

«Chiesi conto della perdita di ottanta milioni.» «Ingegner Duncan, a causa dell'evoluzione del mercato, se dovesse decidere di chiudere il contratto alle attuali condizioni andrebbe incontro a una perdita di ottanta milioni, sterlina più sterlina meno. Ma ovviamente non le conviene uscire, le suggeriamo di attendere una situazione più favorevole, un ribasso dei tassi, se si dovesse prospettare entro alcuni anni.»

«Ai primi di gennaio, sul conto corrente della mia società furono addebitati altri dieci milioni. Mi rivolsi a un amico giornalista chiedendo consiglio su come muovermi; se denunciare la cosa ai giornali o avviare un'azione legale contro la banca. Rispose che la redazione era inondata da centinaia di lettere di imprenditori disperati a cui la Seldom Brothers, insieme a quasi tutte le banche del paese, avevano rifilato prodotti derivati.

«Dal titolare del piccolo mutuo che pagava solo cinquecento sterline a trimestre a chi ne arrivava a pagare alcuni milioni. Le aziende pubbliche, ugualmente truffate, erano nel caos.

«Analizzai quel contratto che mi era stato venduto come un'assicurazione dai rischi futuri. Lessi che la banca aveva inserito la mia società di costruzioni come 'controparte dotata di specifica competenza ed esperienza in materia di strumenti derivati', che 'la controparte dichiara di essere a conoscenza che le operazioni in strumenti derivati sono operazioni ad alea normalmente illimitata', che 'la controparte è consapevole che le operazioni in strumenti derivati possono causare perdite rilevanti non quantificabili in via preventiva', che 'la controparte non opporrà l'eccezione di giuoco al contratto derivato'.

«Figli di puttana! urlai, dopo aver letto le clausole che quei banchieri avevano saputo infilare tra le righe di quel maledetto contratto. Mi hanno fottuto, quei bastardi figli di puttana mi hanno fottuto! Avrei potuto fare una strage e non me ne sarebbe importato

niente di finire i miei giorni in una lurida galera. Rimasi tutta la notte in ufficio pensando al da farsi.

«L'unica idea che mi venne in mente fu di ucciderli tutti. Loro stavano distruggendo la mia azienda, magari l'avrebbero fatta a pezzi e rivenduta a dei compari senza scrupoli con cui spartirsi la torta; ai capitalisti anonimi senza capitali... Forse era proprio quello il piano. Avrebbero continuato a incassare bonus milionari, farsi viaggi a sbafo e sbattersi puttane di lusso. Io potevo decidere che quei soldi non li avrebbero usati, li avrei rintracciati e uccisi, prima o poi.

«Iniziò ad albeggiare; quando alzai la testa dalla scrivania dell'ufficio mi resi conto che mi ero addormentato. Guardai la foto delle mie bambine sorridenti e di mia moglie. Non potevo lasciarle sole, dovevo meditare una vendetta pulita. Scesi in strada e dopo aver vagabondato per alcune ore, tornai a casa.

«Il pomeriggio andai in banca chiedendo la restituzione dei miei cinquanta milioni. L'addetto ai titoli domandò la ragione di quel disinvestimento. Risposi che dovevo concludere un affare. Si allontanò lasciandomi in attesa in un salottino. Dopo alcuni minuti rientrò. Con imbarazzo mi disse che i miei cinquanta milioni stavano perdendo il ventiquattro per cento del valore originario e che comunque non poteva eseguire l'operazione in quanto i titoli erano stati parcheggiati in un deposito, a garanzia del contratto derivato da seicento milioni. Come da mie istruzioni. Capii che mi avevano messo all'angolo. Presi alcune decine di migliaia di sterline dal conto personale, tutto quello che mi era rimasto e andai via senza chiedere nessun'altra spiegazione, semplicemente farfugliando 'me la pagherete!'

«Ecco Vincent tieni, guarda qui, questi sono i contratti che mi hanno fatto firmare; tu sei un matematico dimmi se ci capisci qualcosa, dammi un parere.»

«Peter mi mostrò le sue carte, le lessi rapidamente tralasciando la parte normativa che era standardizzata. Arrivai alla sezione relativa alla costruzione del derivato e capii che era una delle mie formule per la copertura del rischio di tasso. Impallidii, mi veniva da vomitare, non riuscivo a crederci. Lessi ripetutamente la premessa pensando a un errore e bevvi un sorso distogliendo lo sguardo da quelle pagine di carta costosa. Riguardai il documento e mi resi conto che non mi stavo sbagliando. Peter aveva stipulato un mutuo di seicento milioni di sterline a tasso fisso, dopo di che aveva sottoscritto un derivato con cui vendeva alla banca il tasso fisso, comprando il tasso variabile maggiorato da uno spread di due punti. Rimasi paralizzato all'idea che con quella operazione stava coprendo la Seldom Brothers da un rischio potenzialmente illimitato: l'aumento dei tassi di interesse sulla sterlina. Un'ipotesi che stava diventando realtà.

«Analizzai la funzione matematica, la mia funzione. Era stata manipolata; in base alle condizioni dei tassi di mercato attuali e alle previsioni di medio termine era stato applicato un costo implicito di oltre quaranta milioni. Una cifra che solo un esperto di analisi matematica sarebbe stato in grado di determinare.

«Il secondo contratto, quello della rimodulazione, era ancora peggiore del primo perché per nascondere la perdita attuale, che nel frattempo era arrivata a ottanta milioni, era stata modificata la durata dell'ammortamento che aumentava da dieci a quindici anni ed erano state inserite due opzioni *cap* e *floor*, oltre a una *callable* con la quale la banca poteva unilateralmente rescindere il contratto, in qualsiasi momento, senza spiegazioni. Le due opzioni *cap* e *floor* si sarebbero automaticamente estinte se il *libor* avesse superato una barriera facilmente raggiungibile. Era stato costruito un derivato di undicesima classe, la perdita poteva arrivare sino all'ottanta per cento di seicento milioni di sterline!

«Mi sembrò di impazzire, avevo il sangue alla testa e pensavo che mi sarebbe esplosa da un momento all'altro.

«Peter mi guardò in modo strano e mi domandò cosa mi stesse accadendo.» «*Niente amico mio. È solo che stasera non mi sento molto bene, forse ho bevuto troppo, sarà meglio che torni a casa. Scusami Peter devo andare, tu rimani, sei mio ospite stasera, ti telefono la prossima settimana...*» «Mi alzai di scatto spingendo rumorosamente la sedia dietro di me. Avevo le vertigini.»

«*Sono tuo ospite Vincent? Un cazzo sono tuo ospite! Sono io che ti ho dato da vivere per tutti questi anni, ti sei arricchito alle mie spalle, figlio di puttana! Sei il responsabile della mia rovina, queste sono le porcherie che ti hanno fatto arricchire, ma adesso me la paghi! Hai fatto soldi scommettendo sulla vita della povera gente, vieni qui che ti ammazzo con le mie mani!*»

«Peter urlava come un animale inferocito di quasi due metri in preda a un attacco di rabbia. Me la stavo facendo sotto, iniziai a correre verso l'uscita e volsi lo sguardo, aveva scaraventato il tavolo. Udii il fragore di piatti e bicchieri andare in mille pezzi. Peter si stava facendo strada tra i tavoli spazzando via tutto ciò che gli si parava davanti. Se mi avesse raggiunto mi avrebbe massacrato. La gente ci guardava sconcertata, non riuscendo a capire cosa stesse accadendo.

Un'anziana signora iniziò a strillare. Nonostante il suo fisico atletico, Peter non fu più agile di me e riuscii a seminarlo. Vagai senza meta costeggiando Baywater road, mi infilai in Hyde Park sino a Serpentine, camminando tra i balordi che di notte si nascondono nel parco, lontani da quelli di città, sentendomi anch'io come uno di loro. Avrei potuto essere pugnalato in un istante, stremato dalla fatica non avrei avuto la forza di reagire.

«Dopo avere corso e poi camminato per ore, senza sapere come arrivai a Victoria Embankment. Mi sedetti sotto il Ponte dei Frati Neri puntando lo sguardo nelle acque torbide del Tamigi e mi addormentai esausto.

«Fui svegliato che era giorno da una bambina che affacciata sopra la mia testa strillava con tutto il fiato che aveva in gola, '*mamma, mamma vieni a vedere, qui c'è un uomo morto, mamma vieni a vedere, c'è un uomo morto!*'

«La testa mi scoppiava. Quella voce sottile aveva l'effetto di aculei infilzati nelle orecchie.

«Giorgio, tu lo sai? tu sai cosa stiamo facendo? Ti rendi conto di che razza di bombe a orologeria abbiamo progettato?»

«Ascoltami Vincent, forse è vero che ci stiamo facendo prendere la mano, ma le banche di tutto il mondo continuano a chiederci strategie di massimizzazione dei profitti di breve periodo. I banchieri vogliono fare utili immediati per pompare il prezzo delle azioni, esercitare le stock option e diventare ricchi. La sola cosa che conti per gli amministratori è di mantenersi in sella il più a lungo possibile, saccheggiando senza pietà, arraffando quanto più è possibile nel più breve tempo possibile. A volte è meglio chiudere un occhio e andare avanti, ma non so quanto potrà durare ancora questa storia.»

«Riesci a capire che siamo diventati complici degli sciacalli? Che siamo noi quelli che guidano le razzie?»

«Vincent, sono cose complicate e difficili da spiegare. O forse sono io che non riesco a capirle. So solo che niente è cambiato e niente potrà mai cambiare; c'è chi comanda e si arricchisce e chi obbedisce subendo le scelte di chi comanda senza avere la possibilità di replicare o semplicemente di difendersi, devi solo decidere da che parte stare! Sarà meglio che quanto ci siamo detti stasera rimanga tra noi due, non devi parlarne con nessuno!»

«Ciò che è capitato a Peter mi ha sconvolto, sbattuto in mezzo a una strada insieme a mille dipendenti e alle loro famiglie, a causa mia.»

«Tu non centri niente, Peter è solo l'ennesima vittima di un gioco sporco. Qualcuno in doppiopetto grigio ha usato la banca per sfilargli di mano un giocattolo che stava diventando troppo grande per lui, tutto qui.»

«Forse per te è normale, ma per me non lo è né lo potrà mai diventare!»

8

Il cameriere si avvicinò al tavolo con discrezione, istruito per arrecare solo quel minimo e indispensabile disturbo ai commensali. «Per dolce abbiamo crostata di frutta con crema pasticciera, torta di ricotta o soufflé di cioccolato guarnito con panna montata.»

«Per me crostata di frutta, tu Vincent?»

«Torta di ricotta, grazie.»

«Se mi posso permettere, vi suggerirei di accompagnare il dolce con un freschissimo passito di Pantelleria in ghiaccio o un aromatico liquore di alloro della Terra d'Otranto.»

«Alloro per tutti e due, grazie. Lo devi assaggiare, preparato a regola d'arte è insuperabile.»

«Sei tu l'esperto» rispose Vincent. Il cameriere si allontanò, silenzioso come si era avvicinato.

«Ascoltami, posso capire che la storia del tuo amico ti abbia frastornato ma te la devi dimenticare. Peter non è il primo né sarà l'ultimo, dammi retta, mettici una pietra sopra e guarda avanti. Piuttosto dimmi di Cuba, cos'è questa storia? Sole, mare, casini e casinò, come ai vecchi tempi?»

«D'accordo, lasciamo stare Peter, ma non finirà così, te lo assicuro, non può finire così. Cuba? È come ti ho detto, potrebbe tornare sotto il controllo degli americani. Molto presto, prima di quanto tu possa immaginare.»

«Uhm, c'è fermento a Miami... ci riprovano con la Baia?»

«Per carità, quella fu un'operazione da dilettanti, non l'unica, ma semplicemente la più eclatante. Ce ne sono state di meno note che avrebbero potuto essere molto efficaci con un pizzico di fortuna in più: l'operazione Mangusta, le bombe all'Havana, l'operazione Domino... Ogni volta spuntava la Fondazione cubano-americana. La strategia era sempre la stessa, compiere azioni sanguinose nascondendosi dietro la cultura. Terrorismo, come va di moda chiamarlo adesso. Posada Carriles doveva servire a demolire il turismo, l'unica vera risorsa per incassare valuta pregiata; uno scacco per gli yankees. Sai cosa penso? Che Louis non lascerà mai più gli Stati Uniti, nasconde troppe verità, piuttosto lo farebbero fuori. Immagina se ricominciasse a raccontare che i mandanti di quegli attentati lavoravano alla Casa Bianca.»

«Già, Cuba è stata un'ossessione per tutti i presidenti.»

«Sai chi mi ricorda questa storia? Wile E.»

«Ma chi, il coyote?»

«Proprio lui. Tanto testardi quanto stupidi. Anche se a distanza di anni hanno imparato qualcosa. Riesci a immaginare gli uffici di Langley? Il nucleo intelligence e analisi è composto da tredici sezioni; dipendono tutte dal capo tranne una, la sezione *caribe*. Conosci la ragione?»

«Ti ascolto.»

«Una sera d'estate del '93, al cabaret Tropicana era seduto un tizio vestito con un elegante abito in lino. Poteva sembrare un qualsiasi uomo d'affari con l'aria di chi si vuole svagare un po', ma non lo era. Aveva un compito preciso. Doveva far esplodere una bomba confezionata con C4. La notte era bellissima e il cielo stellato come solo i Caraibi sanno regalare. Il locale era pieno di gente che si divertiva. Il tizio si rese conto che se avesse innescato quella bomba non avrebbe fatto solo un po' di baccano, come gli era stato prospettato, ma sarebbe stata una strage. Impugnò la sua valigetta, si alzò con calma e lasciò il locale. Alla Casa Bianca andarono su tutte le furie dando dell'imbecille all'ideatore del piano e dicendogli che si era affidato a uno senza palle. Da quel momento in poi la supervisione della *caribe* sarebbe passata alle dirette dipendenze dello staff presidenziale. Il nome *caribe* in realtà è solo una copertura, gli addetti ai lavori la chiamano affettuosamente *caimano*. Della *caimano* fanno parte una decina di agenti dislocati sull'isola. Si tratta di insospettabili pensionati europei che spiano facendo finta di godersi una bella vacanza. Alcuni sono ex militari che vivevano a Cuba durante gli anni della guerra fredda e sanno perfettamente come muoversi. Usano documenti falsi, entrano con un visto turistico di tre mesi scaduti i quali si fanno un giro in un altro paese, e dopo una settimana sono di nuovo lì.

«Tra le decine di satelliti americani in orbita ce ne sono almeno otto puntati sull'isola. Riescono a coprirne ogni centimetro quadrato del territorio, a indagare ogni movimento, ogni pensiero. La guardano, la scrutano e la monitorano ininterrottamente, da cinquant'anni. Hanno un solo obiettivo: eliminare i Castro e riprenderne il controllo. La Baia dei Porci è solo un lontano ricordo; stavolta il progetto è molto più ambizioso e prevede un'azione simultanea mare-cielo-terra, e l'ipotesi di un insuccesso non è neanche contemplata.»

«Riesco quasi a vedere le scene del tuo film, solo un piccolo particolare non mi è chiaro, come pensano di entrare a Cuba? Ancora armi nucleari o l'idea è più ambiziosa?»

«Tra le decine di agenti asserragliati a Langley ci deve essere qualcuno che smessi i panni del cowboy ha incominciato a studiare la storia antica trovando interessanti risposte ai dilemmi moderni: *come hanno fatto i greci a conquistare Troia dopo anni di inutile assedio?* Anche loro hanno un cavallo, proprio sotto gli occhi: è il carcere di Guantanamo, e nella sua pancia ci sono tutti i prigionieri.»

«È vero, a Guantanamo ci sguazzano come bimbi al mare.»

«Gli americani hanno un grosso problema: uscire dal pantano nel quale si sono ficcati dal 2002. In base al Cuban-American del 1903 hanno una concessione perpetua sulla Baia di Guantanamo ma non possono mettere il naso fuori se non via mare o via cielo usando rotte immodificabili. Una violazione del trattato sarebbe vista come un'invasione, una dichiarazione di guerra.»

«E quindi?»

«Guantanamo è diventato un incubo che si sta trasformando in una forza in grado di catalizzare tutti i paesi dell'asse del male e non solo. Anche qui da noi qualcuno inizia ad avere pesanti dubbi su una situazione che appare sempre più insostenibile.»

«Fammi capire dove vuoi arrivare» disse Giorgio puntando il gomito destro sul tavolo e continuando a sorseggiare il suo alloro. La storia iniziava a prendere una piega che forse non lo avrebbe fatto dormire.

«I detenuti di Guantanamo sono più di cinquecento, in gran parte afghani, ma anche cinesi, yemeniti, eritrei, tunisini e di un'altra ventina di nazionalità e stanno segregati dal 2002 in condizioni disumane. Sono intrappolati in un luogo che più che una prigione ricorda un campo nazista o un gulag. Ormai c'è la convinzione che la maggior parte di quegli sventurati non abbiano niente a che fare con Al Qaeda, né con il terrorismo. Si tratta di balordi venduti per poche migliaia di dollari da gente senza scrupoli. Gli americani hanno capito di avere preso una fregatura e per non fare la figura dei merli sono alla disperata ricerca di una via d'uscita dignitosa.»

«Non ammetterebbero mai di avere segregato per tanti anni persone innocenti negandogli ogni diritto di difesa.»

«È esattamente questo il punto. Hanno già perduto troppo tempo e se non si inventano qualcosa Guantanamo diventerà una polveriera.»

«Uhm, come Nick e Bart. All'epoca erano rossi, oggi sono terroristi.»

«Ma stavolta si tratta di cinquecento uomini. Credi che possa presentarsi qualcuno che aprendo la cella gli dica: *"Scusate se vi abbiamo rinchiusi senza motivo, ci siamo sbagliati, adesso siete liberi, l'uscita è da quella parte..."*

«Né sarebbe possibile farli fuori senza un processo o qualcosa che gli somigli alla lontana» aggiunse Giorgio.

«Gli è sfuggito l'attimo, la parentesi di solidarietà dell'11 settembre. In questo momento un processo regolare è improponibile, pensa se venisse fuori la storia dei voli fantasma. Non si arriverebbe neanche a dibattimento che sarebbero costretti a scarcerarli.»

«Già, le stesse nazioni che sponsorizzano le parate dell'Aia se ne fregano dei diritti umani quando a calpestarli sono quelli troppo muscolosi.»

«È tutto pronto, gli Stati Uniti si riprendono Cuba e chiudono la prigione di Guantanamo. A reti unificate il Presidente lancia il messaggio alla nazione *"Un covo di terroristi, siamo finalmente riusciti a stanarli e da oggi il mondo è più sicuro."* I disastri della sua amministrazione passerebbero in secondo piano.

«Il progetto è relativamente semplice: la vigilanza al carcere sarà progressivamente ammorbidita senza destare sospetti. I militari di guardia del turno di notte si addormenteranno e non riusciranno a ricordare nulla di quanto accaduto. Useranno l'ecsotal, una droga sintetica realizzata di recente nei laboratori dell'università di New Antanarivo. I prigionieri saranno messi nelle condizioni di scappare grazie all'aiuto di infiltrati che si fingeranno detenuti.

«Per non saltare sulle mine piazzate al di là delle recinzioni, li faranno imbarcare su scialuppe ormeggiate nella base. Fatte poche miglia in direzione di San Antonio, sbarcheranno in territorio cubano dove si disperderanno. I sistemi di rilevamento radar e di trasmissione radio della difesa cubana saranno messi fuori uso nel raggio di alcuni chilometri dalla base grazie a un campo magnetico di quindici megatoni generato dai sottomarini nucleari dislocati nel Mar dei Caraibi.

«I guardacoste saranno sopraffatti dai reparti anfibi. Verrà fuori la storia che un commando cubano, con un blitz si è introdotto nella base riuscendo a liberare tutti i prigionieri dopo avere messo fuori combattimento i soldati di guardia. La responsabilità sarà data al governo cubano che non ha impedito di violare la sovranità americana e il gioco è fatto. Tempo quarantotto ore e l'isola viene invasa e conquistata. I Castro, con i fedelissimi, messi nelle condizioni di non nuocere, una volta per sempre.»

«Non so che pensare Vincent, la tua è follia pura. Nessuno ti crederebbe. Neanch'io, se non avessi visto con i miei occhi che i tuoi assurdi racconti prima o poi diventavano realtà: Iraq, Sudan, Afghanistan…»

«Lavoro di fantasia» rispose Vincent con un sorriso.

«Non fare finta di non capire, questa è roba pesante, chi ti passa le informazioni?»

«Ah Giorgio, un giorno, forse un giorno te ne parlerò. So che di te mi posso fidare ma non è ancora il momento, e in fondo, spero che non arrivi mai. La cosa che mi preoccupa di più se dovessero decidere l'attacco, è l'utilizzo dell'agente orange. Con tutte quelle piante» disse Vincent.

«Chi diavolo è l'agente orange?»

«Non un *chi* ma un cosa. Niente di misterioso questa volta, è lo stesso già utilizzato in Vietnam e credimi, divora le persone che vengono sfiorate. Se proprio ci tieni dai un'occhiata su internet, al solo pensiero mi viene da vomitare.»

9

Francoforte, marzo 2006
Sede tedesca della Golden Rocks
Riunione del Consiglio Direttivo

«Signori, spero che il buffet sia stato di vostro gradimento, adesso mettiamoci al lavoro.

«Il nostro incontro non ha carattere di ufficialità; va considerato alla stregua di una semplice chiacchierata tra colleghi, infatti nulla sarà messo a verbale. Per quanto appaia superfluo specificarlo nessuno, e sottolineo nessuno al di là dei presenti dovrà essere edotto sugli argomenti che tratteremo in questa riunione. Cedo subito la parola al responsabile dell'area finanza, il consigliere Phanishwar Kerala, che introdurrà brevemente i temi che affronteremo questo pomeriggio.»

«Grazie presidente. Miei cari colleghi, il quinquennio che ci siamo appena lasciati alle spalle è stato il periodo più fecondo di sempre in termini di risultati economici raggiunti. La redditività in forte progresso è il segnale tangibile che il lavoro svolto è stato eccellente. Il numero e il peso delle aziende private, dei governi nazionali e delle istituzioni finanziarie che si rivolgono alla Golden Rocks testimoniano una qualità del servizio sempre tesa a raggiungere soluzioni in linea con i bisogni e le aspettative dei nostri interlocutori. Le virtù personali e professionali dei nostri uomini ci hanno consentito di costruire una poderosa squadra capace di affrontare e vincere qualunque sfida. È motivo di grande orgoglio la consapevolezza che la nostra società mantenga la leadership mondiale nella consulenza strategica dei settori vitali dell'economia moderna: dall'aeronautica alle biotecnologie, dalle telecomunicazioni all'energia, dal petrolio alla difesa, con particolare riferimento ai sistemi attivi e passivi di sicurezza, dalla finanza pubblica alle banche.

«Un grande apporto agli eccellenti risultati conseguiti negli ultimi anni dalla Golden Rocks proviene dai due settori che ho volutamente citato per ultimi, finanza pubblica e banche. Nel settore pubblico in particolare, abbiamo dato assistenza a governi ed enti locali nella progettazione e redazione dei piani operativi di sviluppo. Attraverso una serrata attività di mediazione e lobbying abbiamo collaborato alla stesura dei dispositivi di legge finalizzati all'attuazione di molti dei progetti caldeggiati dai nostri clienti.

«Ragguardevoli risultati sono arrivati dal comparto delle materie prime energetiche. Gli interventi di concertazione, unitamente ai dispositivi messi in atto sul mercato della finanza derivata, hanno consentito alle compagnie petrolifere nostre clienti e ai maggiori paesi produttori una crescita esponenziale dei margini operativi.

«Spero che abbiate avuto il tempo di dare un'occhiata al report messo a punto da Stephanie Walker sulle prospettive del mercato petrolifero mondiale. Comprenderete che se quei contenuti dovessero malauguratamente diventare di dominio pubblico, il prezzo del greggio crollerebbe sotto i 20 dollari al barile. Sarebbe un disastro per le compagnie petrolifere, per i paesi esportatori e ovviamente anche per noi, che di quei paesi siamo advisor.

«A tal proposito ho il piacere di informarvi che proprio due giorni fa abbiamo siglato un contratto di consulenza esclusiva con il fondo sovrano libico, dotato di un patrimonio che - per fornirvi un ordine di grandezza - sarebbe sufficiente ad acquisire il controllo delle prime cinque aziende al mondo detentrici di tecnologie nucleari. Stiamo parlando del controllo del pianeta!

«Il settore banking rimane il nostro fiore all'occhiello in termini di redditività. Siamo il partner strategico delle più importanti banche d'affari, oltre che di quelle commerciali a maggiore peso specifico. Creatori e sviluppatori di quegli innovativi strumenti finanziari che ci hanno consentito di ottenere risultati reddituali altrimenti irraggiungibili. Purtroppo alcuni mercati già ampiamente sfruttati sono oggi in declino.

«Nel Regno Unito, le banche d'affari non potranno più vendere quei prodotti finanziari che sono stati per anni fonte di ingente redditività. Vi confermo che alla Camera dei Comuni è di imminente approvazione una norma che vieterà agli enti pubblici la sottoscrizione di strumenti finanziari atipici, penso in particolar modo ai derivati. Il nostro tentativo di bloccare o quantomeno rinviare il disegno di legge è fallito. Troppo forte infatti è lo sdegno che l'opinione pubblica inglese nutre verso i comportamenti tenuti dai soggetti in campo. Le nuove norme impediranno di proseguire su quel virtuoso sentiero che negli ultimi anni ci ha garantito immensi profitti. Nel Regno Unito ho detto! No di certo nel resto del mondo, e non è il caso di rammentarvi quanto siano attive le banche inglesi al di fuori dei confini nazionali: una continua rincorsa con le cugine americane!

«Siamo sempre stati convinti che la strada da percorrere era segnata, e che la nostra naturale attitudine al problem solving, ancora una volta, avrebbe avuto ragione sulle difficoltà incontrate. Affrontare i problemi non ci ha mai fatto paura, tutt'altro, ci ha spinto giorno dopo giorno a lavorare con maggiore determinazione per superare ostacoli apparentemente insormontabili e trasformarli in altrettante opportunità.

«Sono passati tre anni da quando abbiamo messo a punto la strategia che ha consentito alle banche d'affari di penetrare mercati che sino a poco tempo fa sembravano restii a recepire le nostre innovazioni finanziarie. Il nostro team di studiosi, composto da brillanti e giovani collaboratori degli uffici di Londra, Roma, Francoforte e Washington, egregiamente coordinati e coadiuvati da partner di grande esperienza, è riuscito in un'impresa che forse altre società simili alla nostra non si sono neanche sognate di intraprendere.

«È soprattutto grazie alla nostra energia, alla voglia di metterci costantemente in discussione e a quel senso di inadeguatezza che ogni giorno ci spinge a lavorare per fare sempre meglio che il progetto per lo sviluppo della nuova finanza ha avuto un successo che è andato ben oltre le nostre più rosee aspettative.

«Mercati come Spagna, Portogallo, Grecia e Irlanda, per citarne solo alcuni, che sembravano lontani anni luce dalle più evolute piazze finanziarie dei paesi economicamente più avanzati, si sono dimostrati attenti a raccogliere le sfide della finanza del futuro, e ci sono riusciti!

«Il capolavoro tuttavia lo abbiamo realizzato in Italia, e non poteva andare diversamente parlando di capolavoro. Come di consueto, abbiamo avviato uno studio di fattibilità che ha riguardato la società civile, il clima culturale, le ambizioni degli interlocutori e le potenzialità.

«Ci siamo resi conto che venivano a combinarsi una serie di fattori che potevano giocare una formidabile partita a nostro favore. La debolezza culturale in campo economico da un lato e i vizi congeniti dall'altro sono stati i nostri veri alleati. Se solo potessimo renderlo pubblico, quello italiano diventerebbe uno straordinario caso da studiare nelle business school di tutto il mondo. Le banche nostre clienti infatti hanno potuto agire come meglio hanno ritenuto, trovando un humus particolarmente adatto.

«È accaduto che decine di migliaia di imprese private, grazie all'abnegazione e al senso del dovere di un formidabile sistema bancario, siano state indotte a sottoscrivere i nostri contratti derivati. Il sistema più semplice per raggiungere questo risultato si è ottenuto legando indissolubilmente la nuova concessione, o in molti casi anche il semplice mantenimento delle linee di credito, alla sottoscrizione di un derivato. Contratti da milioni ma anche, più semplicemente, pezzi da cinquanta, cento o duecento mila euro. L'obiettivo da conseguire si è trasformato in motto: a ciascuno il suo derivato! Le sostanziose commissioni occulte generate da queste operazioni rappresentavano il giusto profitto per le banche e gli intermediari. Le carriere e i bonus sono stati rigorosamente gestiti in funzione dell'attitudine personale nel piazzare contratti derivati. Adeguatamente motivati dal top management - in buona parte di provenienza Golden Rocks - i bancari italiani si sono rivelati insuperabili.

«Con gli enti pubblici è stato ancora più facile grazie all'approvazione di una legge ad hoc in base alla quale le aziende pubbliche avrebbero avuto la facoltà di estinguere i propri debiti attraverso un rifinanziamento, purché le condizioni dello stesso fossero migliorative rispetto a quelle in essere. Sarebbe bastato che il nuovo finanziamento fosse più economico anche di un solo centesimo affinché l'operazione potesse avere luogo.

«Gli enti di cui vi parlo godevano di condizioni di assoluto vantaggio della Cassa Depositi e Prestiti, ovvero dello Stato italiano. Tassi fissi molto bassi o variabili con spread simbolici.

«Non sarebbe stato facile convincerli a rinegoziare finanziamenti così poco onerosi, ma noi abbiamo elaborato strategie vincenti e siamo riusciti nell'intento. Per attirarli abbiamo ideato strumenti derivati civetta, stabilendo che alla sottoscrizione del contratto incassassero alcune migliaia di euro, così da indurre i funzionari preposti a ritenere di essere i novelli *Houdini* della finanza, poveri sciocchi. Per quanto ovvio, quel denaro anticipato che doveva servire a stuzzicarne l'appetito lo avrebbero salatamente ripagato le casse pubbliche negli anni a venire. Dettaglio marginale, così come al contrario rilevante, la consapevolezza che nel Bel Paese si possano stipulare contratti in una lingua straniera che non si conosce o persino vendere sinking fund. Dio, quanto amo l'Italia!

«Altre volte abbiamo capito che si doveva pagare e così è stato: le nostre clienti hanno dovuto assoldare o addirittura assumere qualche balordo volenteroso. Capitava che costoro dimostrassero di essere ben introdotti negli ambienti che contano, decidono e negoziano. Un papà, uno zio, un marito o una moglie in posizione chiave; sapete quanto conti la famiglia, è come una cupola: rassicurante e protettiva.

«In casi particolari abbiamo acconsentito che alcuni balordi giocassero a fare i banchieri d'affari. Il fastidio che tale pretesa ha procurato ai nostri clienti è stato profumatamente ripagato dall'ente pubblico di riferimento.

«Il grimaldello che ci ha fatto spalancare le porte è stata l'idea di sostenere che i contratti derivati non hanno costi. Per quanto solo uno sciocco può pensare che le banche regalino qualcosa. Ma poco importa, così è andata.

«Cari colleghi, spero di essere riuscito con questo mio breve intervento a rappresentarvi con chiarezza lo stato dell'arte. Tanto è già stato fatto ma le sfide più impegnative sono lì, davanti a noi. Come di consueto, dovremo dedicare tutta la nostra passione per vincerle.

«Vi ringrazio per l'attenzione che mi avete dedicato. Cedo la parola al consigliere Gustav Etienne de Chatillon che ci illustrerà la strategia che, con il vostro consenso, la Golden Rocks intende adottare per riuscire a consolidare gli sforzi fatti sin qui. A te la parola, Gustav.»

«Ringrazio il collega e amico Phanishwar per l'eccellente introduzione all'argomento di cui ci occupiamo in questa sessione di lavoro straordinaria. Phanishwar ha esposto con chiarezza cristallina e sintesi efficace lo stato dell'arte. Con il consenso del presidente, passerei alla dettagliata illustrazione del piano di lavoro che sarà sottoposto all'approvazione del direttivo.

«Prima di procedere, mi sia tuttavia consentito di ringraziare una persona, un collega dalle grandi qualità umane e professionali, un matematico esemplare per lungimiranza e talento, un amico leale sempre disponibile al confronto.

«Se non fosse dei nostri, sono certo che oggi parlerebbe dalla cattedra di una prestigiosa università ricevendo meritate attestazioni accademiche per lo studio e la valorizzazione delle applicazioni matematiche in economia.

«Senza il suo fondamentale contributo non saremmo riusciti a concretizzare uno dei business a maggior valore aggiunto della nostra lunga e gloriosa storia. Grazie a lui, la Golden Rocks è riuscita ad offrire ai propri clienti quegli strumenti che hanno consentito loro di solcare i sentieri della finanza nel terzo millennio. Sto parlando del brillantissimo capo del nostro team di matematici, Vincent Chiaromonte. Grazie Vincent, grazie da tutti quanti noi per l'eccellente contributo che tu e la tua squadra avete fornito alla Golden Rocks.»

Le teste della platea assorta in religioso silenzio si erano voltate verso destra dove, con uno stentato sorriso che non riusciva a celare il disagio per quelle attenzioni, Vincent Chiaromonte riceveva la stretta di mano dei colleghi seduti di fianco a lui. Il presidente Alain Duchamp, messosi in piedi, aveva iniziato a battere le mani fissandolo con sguardo compiaciuto. Gli altri soci lo avevano imitato. Vincent era stato assunto durante la sua presidenza. A torto, Duchamp riteneva che Vincent fosse una sua creatura.

«Dopo questo tributo che - come avrete modo di capire - sentivo di dover offrire in occasione di un incontro di grande valenza simbolica, passerei alla illustrazione del piano di lavoro.

«Miei cari colleghi, miei cari amici, per continuare a essere i numeri uno non possiamo permetterci passi falsi. La concorrenza è agguerrita e scruta ogni nostra mossa con attenzione, impaziente di occupare ogni ambito che non saremo in grado di presidiare con efficacia, determinata ad aggredire e minare la nostra leadership.

«Attraverso i contratti derivati siamo riusciti a guadagnare, e a far incassare alle banche nostre clienti, commissioni che nessun'altra operazione finanziaria ci aveva mai assicurato. Con così poco lavoro, per giunta. Chissà quanti anni dovranno trascorrere prima di riuscire a progettare strumenti finanziari egualmente remunerativi.

«Credevo che il nostro compito si fosse esaurito, ma mi sbagliavo. Dopo una lunga e attenta riflessione ho capito che la nostra missione era solo all'inizio e che i veri frutti, quelli più succosi, erano lì davanti a noi, finalmente maturi per essere raccolti se solo fossimo riusciti ad allungare il braccio poco più in alto.

«Non vi nascondo che ho trascorso alcune notti insonne, soprattutto quando ho capito sin dove potevamo spingerci. Per diversi giorni mi sono assentato alla ricerca di una serena riflessione. Non volevo altri pensieri. L'entusiasmo alle stelle era mitigato dal dubbio se l'idea fosse quella giusta e se la strada per realizzarla risultasse percorribile. Ho tergiversato un po' prima di rompere gli indugi e di condividerla con il nostro presidente. Quella idea è la ragione per la quale voi, signori membri del consiglio direttivo e voi, partner di rango, siete qui oggi ad ascoltarmi.

«Come è noto, le analisi redatte dal nostro ufficio studi ci segnalano il rapido deterioramento dei dati fondamentali e delle prospettive di crescita dell'economia mondiale. L'economia assomiglia sempre di più a un gigante con i piedi d'argilla pochi istanti prima che frani su se stesso. Questa condizione tuttavia non deve vincolare il nostro operato e non deve farci dimenticare che il nostro obiettivo primario rimane il profitto. Quanto maggiori saranno i ricavi che i nostri clienti realizzeranno tanto più elevati diventeranno i nostri benefici, teniamolo sempre a mente! Solo con questa consapevolezza potremo comprendere l'importanza che l'operazione Tower Bridge, che ho l'onore di presentarvi quest'oggi, riveste per la nostra organizzazione.

«L'attuale situazione dei tassi d'interesse, in uno con la particolare struttura dei contratti derivati in essere, consente ai nostri clienti di incassare ragguardevoli commissioni.

«Un secondo canale di redditività è rappresentato dai mutui residenziali. I bassi tassi d'interesse degli ultimi anni hanno indotto un numero sempre maggiore di famiglie a indebitarsi per l'acquisto della casa. Hanno privilegiato soprattutto il tasso variabile: con il progressivo aumento dei prezzi degli immobili il variabile risultava il solo che consentisse loro di mantenere a livelli accettabili il rapporto rata-reddito. Vi ricordo che gli istituti ufficiali di statistica non considerano i prezzi delle case nel calcolo dell'inflazione, e la nostra speranza è che nessuno gli faccia mai notare questa dimenticanza, se tale la si può definire!

«L'inarrestabile crescita degli stock di mutui residenziali ha inoltre reso necessaria la creazione di strumenti che consentissero alle banche di smobilizzare le attività finanziarie. Raggruppando i mutui abbiamo creato titoli obbligazionari da rivendere sui mercati finanziari mondiali attraverso le cartolarizzazioni; le stesse che ci hanno consentito di generare nuova base monetaria e nuovi ricavi, ma soprattutto ci hanno permesso di trasferire a terzi i rischi di insolvenza.

«La nascita della finanza del terzo millennio ci ha spianato la strada per conseguire utili altrimenti irraggiungibili. Il nostro ufficio analisi mi ha fornito il rapporto sulle retribuzioni dei dipendenti delle sette principali banche d'affari: nel 1960 i loro dipendenti impiegavano tre mesi per guadagnare il salario medio annuo dei cittadini inglesi e americani. Agli amministratori erano sufficienti quindici giorni. Oggi ci vogliono tre ore per gli amministratori e dodici giorni per gli altri dipendenti per eguagliare il salario medio di inglesi e americani. Non basta, dobbiamo migliorare questi indici: entro i prossimi due anni, per ogni singola ora che il Signore manda su questa terra, gli amministratori dovranno incassare l'equivalente del salario annuo percepito dai cittadini americani e inglesi. I banchieri dovranno diventare i futuri Imperatori!

«Vedete, non è un mio capriccio, sono loro che ce lo chiedono e vi assicuro che se non saremo in grado di soddisfarli dirotteranno i contratti di consulenza attualmente in essere con la Golden Rocks verso società che dimostreranno di essere più *capaci* della Golden Rocks. Questo sì che è un rischio troppo grande, che non possiamo e non dobbiamo sottovalutare. Ne va della nostra leadership!

«L'obiettivo, per quanto ambizioso, è alla nostra portata. Raggiungerlo non sarà facile e richiederà grandissimo impegno ed energia.

«Miei cari colleghi, sono perfettamente consapevole che quanto sto per proporvi potrebbe causare sensibili contraccolpi a una consistente parte dell'economia mondiale. Non escludo che i già fragili equilibri politici potrebbero uscirne sconvolti, ma ciò che mi appresto a sottoporre alla vostra approvazione, sono certo che agevolerà il conseguimento di immensi benefici a un'altra parte dell'economia e della politica più vicina ai nostri interessi.

«Ho messo in conto che numerose aziende potrebbero fallire e che un consistente numero di lavoratori potrebbe essere licenziato, ma a quelle aziende se ne sostituiranno altre più potenti che prospereranno, così come a quei lavoratori se ne sostituiranno altri più flessibili e quindi più affidabili. È una selezione naturale alla quale il nostro sistema economico non può rinunciare.

«Signori consiglieri, per massimizzare gli sforzi degli ultimi anni vi propongo di attivare quei meccanismi idonei a innescare una pressione al rialzo del tasso di riferimento della Banca Centrale Europea, facendo in modo che dall'attuale due arrivi al cinque per cento entro i prossimi due anni. Esattamente come in America!»

«Ma sarebbe un crimine!» Proruppe Vincent Chiaromonte «Negli anni '20 ebbero la stessa idea e sappiamo com'è andata a finire!»

«Socio Chiaromonte! Come si permette di interrompere un membro del direttivo! Non creda che l'attestato di stima che questo consiglio le ha tributato la possa autorizzare a usare un simile linguaggio. Taccia e si limiti a esprimere la sua opinione quando e se le verrà richiesta! Le sue considerazioni storiche poi non hanno rilevanza alcuna in questo contesto, e non creda che la nostra indulgenza sia illimitata! La prego consigliere, prosegua e scusi lo spiacevole inconveniente.» Il consigliere Gustav Etienne de Chatillon proseguì il suo intervento come se nulla fosse accaduto.

«Grazie Joseph. La manovra di rialzo dei tassi cui ho appena fatto cenno consentirebbe alle banche nostre clienti di ottimizzare la remunerazione degli impieghi e soprattutto di raccogliere frutti ben più succosi sui contratti derivati. Quanto prima riusciremo a far salire i tassi, tanto maggiori saranno gli introiti per le banche e le commissioni per la Golden Rocks.

«Signor presidente, signori consiglieri e gentili colleghi, vi ringrazio per il tempo che mi avete dedicato. Cedo la parola al presidente per le decisioni di merito.»

«Grazie Gustav.» Dopo essersi passato il fazzoletto bianco sulla fronte leggermente accaldata, Alain Duchamp prese la parola con tono pacato. «Il contenuto di quanto riportato negli interventi che abbiamo ascoltato deve farci riflettere. La Golden Rocks si fregia di essere la più prestigiosa società di consulenza strategica del mondo da quarant'anni a questa parte. Chiunque abbia un peso economico o finanziario rilevante si rivolge ai nostri uffici, così come chiunque aspiri a primeggiare si affida alle nostre pratiche.

«Questo privilegio, mi rivolgo a te socio Chiaromonte, è il risultato di un infaticabile lavoro.

«Vorrei tranquillizzare i colleghi qui presenti sull'infelice battuta di Vincent, un uomo che stimo profondamente per capacità professionali e per doti umane. Quante volte anche noi, soprattutto in giovane età, abbiamo agito o parlato d'impulso senza renderci nitidamente conto di ciò che stessimo dicendo. Con il tempo, con l'aiuto dei colleghi più anziani e con l'esperienza acquisita sul campo siamo cresciuti e maturati; anche quegli errori di gioventù, mai dimenticati, ci hanno consentito di migliorare, giorno dopo giorno.

«Constatare che la dedizione al lavoro ci permetteva di raggiungere l'agognata meta ci ha spinto a fare sempre meglio, e questo meglio è stato apprezzato e opportunamente valorizzato. Vincent, permettimi di chiamarti affettuosamente Vincent, la Golden Rocks è stata orgogliosa di corrisponderti un compenso che lo scorso anno ha raggiunto quindici milioni di sterline, una cifra mai pagata prima di allora a un giovane della tua età. È denaro frutto del tuo duro lavoro e dello spirito di abnegazione e sacrificio che hai mostrato verso il nostro sodalizio. Credimi Vincent, giammai osserverei che quei soldi abbiamo un profumo criminale... Ma adesso lasciamoci alle spalle lo spiacevole accaduto e guardiamo oltre.

«Se non ci sono altri interventi metterei ai voti la proposta formulata dal consigliere Gustav Etienne de Chatillon di lavorare a favore del graduale innalzamento del tasso di riferimento della BCE dal due al cinque per cento entro i prossimi ventiquattro mesi. Su richiesta del proponente, la votazione avrà luogo a scrutinio palese.

«Vedo che non ci sono richieste di intervento per cui chiedo ai tredici membri del consiglio direttivo di votare la proposta Etienne de Chatillon. Chi è a favore, prego, alzi la mano.»

Il consigliere Gustav Etienne de Chatillon alzò la mano, seguito dal presidente Alain Duchamp, dal consigliere svizzero Paul Panetta e dal relatore indiano Phanishwar Kerala. Coloro che avevano già votato guardavano i colleghi che non si erano ancora espressi, quasi a volerne indurre un voto favorevole. Il consigliere olandese Kurt Van Broek alzò la mano, così come il consigliere segretario Joseph Kassam. Seguirono nell'ordine gli inglesi Michael Blair e David Globe, l'americano Matthew Simpson, il tedesco Tomas Haasler, l'argentino Norbert Frei e l'americano Josè Canseco. Al termine dei trenta secondi stabiliti per la votazione dei favorevoli, il presidente fu costretto a pronunciare quella domanda che mai avrebbe voluto. «Chi è contrario, prego, alzi la mano.»

Passarono i trenta secondi stabiliti senza che nessuno si mosse. Il consigliere inglese Robert McQueen aveva deciso di astenersi. La scelta di voto o di non voto di un qualunque altro membro del consiglio direttivo nulla avrebbe potuto di fronte a una schiacciante maggioranza di dodici voti favorevoli su tredici. Ma il voto o il non voto manifestato da McQueen aveva un peso differente.

Il presidente capì che il tempo a disposizione era scaduto. Si mise in piedi e osservò fisso negli occhi il consigliere francese proponente, suo connazionale, Gustav Etienne de Chatillon. Strinse il pollice e l'indice della mano destra al bordo del grande tavolo in noce intarsiato con immagini raffiguranti leoni delle nevi e fenici. In sala era sceso un silenzio surreale. Dopo alcuni secondi, il presidente riprese la parola.

«Gentili colleghi, la proposta Etienne de Chatillon ha ricevuto dodici voti favorevoli su tredici. Il consigliere onorario Robert McQueen, che ha diritto di veto, si è astenuto. Come da regolamento, si andrà a seconda votazione a scrutinio segreto e maggioranza qualificata. Chiedo ai signori partner di accomiatarsi rinviando i soli consiglieri alla votazione che si terrà tra quarantacinque minuti. Grazie.»

10

Vincent Chiaromonte era uscito per primo dalla sala riunioni della Golden Rocks, come un fuggiasco. Sarebbe bastata una sola parola per farlo esplodere. Aveva voglia di rimanere da solo, di vagabondare per le strade di Francoforte senza una meta, senza pensare.

«Pronto Kate, come stai?»
«Amore mio, sei tu... a parte la polvere che mi sta entrando anche nelle mutande, non mi posso lamentare.»
«Dove stai?»
«Ho noleggiato un pick up e sto andando a Villa Nueva. Cento miglia di merdose strade sterrate e piene di buche.»
«La chiamata è deviata su un satellitare?»
«Un satellitare?»
«Sì, ti sento perfettamente, nessun disturbo. Hai un telefono satellitare?»
«No, cioè sì non è mio, me lo hanno dato al dipartimento; per maggiore sicurezza, hanno detto. Tu dove stai?»
«A Francoforte. Stavo pensando di raggiungerti fra due giorni.»
«Due giorni? Non so se ce la faccio, la ragazza è stata arrestata e non credo che riusciremo a sistemare le cose in due giorni. Ho letto il rapporto dell'ambasciata e temo che la situazione sia più grave di come pensassi.»
«Certo.»
«Ehi, ma cos'è questa voce?»
«Niente, va tutto bene, sono solo un po' stanco.»
«Ascoltami, anch'io ho voglia di vederti, ma devo prima sistemare questa faccenda; dopo ci faremo una vacanza al mare, solo tu e io.»
«D'accordo, ti chiamo domani.»
«Ti amo.»
«Anch'io ti amo.»

11

«Prima di procedere con la votazione passo la parola al consigliere McQueen che ha chiesto di intervenire. Ti prego, Robert.»

«Grazie presidente. Cari colleghi, in ragione della non più giovane età e delle precarie condizioni di salute in cui mi trovo la mia partecipazione alle attività operative della Golden Rocks si è andata progressivamente diradando. "Una presenza silente ma preziosa" è stata definita la mia collaborazione da qualche garbato giornalista. Quasi un ritratto, un omaggio a chi - si pensa - è ormai prossimo ad andarsene.

«Da parte mia continuo con immensa gioia a partecipare agli incontri del direttivo di questa società, che ho il vanto di avere fondato nel lontano '53 insieme a due amici, prima ancora che audaci compagni di viaggio. La ragione che mi spinge ancora a trascinarmi da un continente all'altro, per non mancare a nessuno di questi solenni appuntamenti, è sola una: amo questa società! Quasi come si può amare un figlio, con la differenza che i miei figli sono da tempo lontani. Ognuno ha deciso il proprio destino intraprendendo il favoloso viaggio della vita. Un viaggio che ho augurato loro ricco di stimoli, di avventura, di fortuna e di fede. Non importa quale.

«Sono felice di essere qui con voi. Non so quanto altro tempo il buon Dio mi regalerà da vivere, ma tutto quello che avrò a disposizione proverò a impiegarlo al meglio.

«Oggi guardo con occhio e cuore paterno la crescita di questa creatura che sento mia. Osservo con lo sguardo apparentemente distratto quali strade essa ha intrapreso e quali sentieri aspiri a percorrere. Quando la fondammo, io e Steve eravamo poco più che ventenni di belle speranze. Lasciammo il prestigioso studio per il quale lavoravamo poiché credevamo che il mondo stesse rapidamente cambiando e volevamo renderci protagonisti di quel cambiamento, non essere semplici spettatori. Desideravamo volare alto; niente di nuovo, è il sogno di molti giovani uomini di tutte le epoche, noi semplicemente provammo a realizzarlo. Eravamo dei privilegiati in fondo, provenivamo da famiglie che ci avevano permesso di frequentare le migliori università in un momento in cui, complice il cinquantennio che ci eravamo lasciati alle spalle fatto di atroci guerre e sofferenze, i più dovevano disperatamente pensare a cercare un lavoro per vivere. Molto più concretamente, per sopravvivere.

«Abbandonai a malincuore le dolci colline di Chilterns per andare ad Harvard, in quello che all'epoca veniva chiamato il nuovo mondo. Se ripenso a quel mondo con gli occhi di un vecchio di ottant'anni, non so se fosse opportuno chiamarlo nuovo mondo. Grandi infatti erano le contraddizioni di quei giorni.

«Da un lato, gli Stati Uniti si contrapponevano all'Unione Sovietica in una folle corsa ad armamenti che avrebbero potuto polverizzare intere città e forse intere nazioni in pochi istanti. Era già accaduto. Dall'altro, le stesse contribuivano a finanziare la ricostruzione di nazioni distrutte dalla guerra. Solo in seguito avrei compreso la ragione di quell'apparente contraddizione.

«Mi causò sgomento constatare che nella patria dell'innovazione tecnologica e dell'irrefrenabile sviluppo economico ci fosse una netta separazione tra i bianchi e i neri. I neri non potevano frequentare le scuole dei bianchi o entrare nei loro ristoranti, ma si dovevano accontentare di ricevere un pasto attraverso delle anguste fessure. Sugli autobus pubblici i neri dovevano cedere il posto ai bianchi, su quelli intercittadini c'era una zona per i bianchi e una per i neri. In alcuni Stati i matrimoni misti erano vietati. Sembra un'altra epoca eppure accadeva meno di cinquant'anni fa. Chissà se di qui a cinquant'anni un nero d'America non potrà correre per la presidenza del suo paese.

«Un giorno accadde che nella società in cui lavoravo un giovane uomo fu convocato per un colloquio. Niente di strano, ne passavano a decine tutti i mesi. Il suo curriculum accademico era di assoluta eccellenza, come ebbi modo di constatare successivamente a quella che si rivelò una giornata memorabile. Si era laureato da due anni in una storica università inglese, poi anche lui aveva deciso di partire e di tentare una nuova avventura. Una testa brillante, una dialettica straordinaria, un ragazzo che trasmetteva giovialità al primo sguardo. Capace, con la sua eloquenza, di affascinare chiunque. Nel canottaggio era un vero campione in grado di trascinare la sua università a vittorie che sarebbero diventate epiche. Era la persona che i migliori studi professionali di qualsiasi epoca avrebbero fatto a gara per accaparrarsi. Aveva un solo *difetto*: era un nero! E nel curriculum non aveva indicato il colore della pelle. Non lo riteneva un particolare degno di nota.

«Quel giorno mi trovavo nella sala attigua a quella d'attesa, ben visibile. Bevevo del tè discutendo di maccartismo con un collega.

Ricordo nitidamente il momento in cui il responsabile della selezione del personale aprì la porta dello studio e affacciando la sua mole poderosa chiamò il candidato successivo: "Si accomodi il signor Michael Ryan" gracchiò col suo inconfondibile tono gutturale sventagliando nel vuoto un foglio di carta, il curriculum di Michael. Quando se lo ritrovò davanti quasi barcollò. Non appena Michael udì il proprio nome, con balzo felino scattò in piedi trascinando una voluminosa borsa di pelle. Nero come la pece, gli si parò dinanzi porgendo la mano e ricambiando l'espressione incredula del signor Bird con un bianchissimo sorriso.

«Il signor Bird, senza riuscire a nascondere il suo stupore o probabilmente senza volerlo fare, ricambiò quel saluto con un sorriso ebete. Lo fece entrare chiudendosi la porta alle spalle, non prima di aver lanciato un'occhiataccia alla sua segretaria, la signorina Ross, che rimase pietrificata.

«Dopo meno di venti minuti la porta si aprì e riapparve Bird preceduto da Ryan. Bird aveva ripreso il suo colorito pallido. Allungandogli malvolentieri la mano, in un gesto che doveva sembrare un saluto, lo congedò con l'inconfondibile frase concessa a chi non sarebbe più stato ricontattato: "Le faremo sapere signor Ryan, grazie per essere venuto a trovarci, è stato un vero piacere." Ryan se ne andò via.

«Dopo alcuni secondi la spia del telefono della signorina Ross iniziò a lampeggiare.» "Sì? Certo signor Bird arrivo immediatemente" «disse la signorina Ross. Le urla di Bird riecheggiarono in tutto l'edificio. Molti colleghi uscirono dai loro uffici per capire cosa stesse succedendo. La notizia dell'accaduto si diffuse rapidamente suscitando una incontenibile ilarità tra i più.

«All'ora di pranzo, come al solito, andai a mangiare qualcosa con Steve Sullivan. Nel nostro stesso locale trovammo Michael, che se ne stava tutto solo a bere una birra guardando i Red Sox e cercando di capire quello sport così strano. Ci avvicinammo chiedendogli se avesse voglia di unirsi a noi. Mi riconobbe e con tono amichevole ci invitò al suo tavolo. Parlammo della nostra amata Inghilterra e delle ragioni che ci avevano spinto ad attraversare l'oceano. Michael era entusiasta all'idea di vivere nel paese in cui – gli avevano raccontato – tutto poteva realizzarsi se solo lo si fosse voluto. Ci chiese notizie sul clima che si respirava alla Claridge & Owen, non nascondendo un velato scetticismo sulla possibilità di entrarne a far parte.

«*Brav'uomo quel Bird,*» «ci disse» «*ma c'è qualcosa in lui che mi sfugge,*» «aggiunse con una punta di ironia» «*al termine del colloquio mi ha detto che mi avrebbe fatto sapere ma se devo essere onesto dubito che riceverò un'offerta, ah, ah, ah...*»

«Michael era troppo sveglio per non sapere che non aveva alcuna chance. Un ragazzo in gamba; credo che la nostra amicizia iniziò in quel preciso istante. Dopo il lavoro ci incontravamo per una birra all'Overtime, ascoltavamo Dizzy Gillespie e Charlie Parker. Loro protestavano con la musica mentre noi, molto più sommessamente, provavamo a combattere contro qualcosa che in quel momento non ci era ancora chiara.

«Ricordo che parlavamo per delle ore di politica, economia, ideali e sport con la spontaneità che solo i ragazzini possiedono. Come tutti i baldanzosi ventenni, pensavamo di poter cambiare il mondo. Eleanor Roosvelt aveva detto che il futuro appartiene agli uomini che credono nella bellezza dei propri sogni e noi eravamo convinti che i nostri fossero belli e in quanto tali realizzabili. Dopo un paio di settimane ritenemmo che le parole spese fossero già state abbastanza. Non senza un pizzico di sana incoscienza, abbandonammo le certezze di una vita già confezionata e spiegammo le vele verso una nuova avventura: l'America! il luogo in cui tutto poteva diventare possibile, ci stava offrendo l'opportunità di abbattere un maledetto muro invisibile che segnava il destino degli uomini per il solo colore della pelle. Fu così che nacque la Golden Rocks, una società i cui valori fondanti sarebbero stati la lealtà, la competenza, l'onestà intellettuale e il merito. Eravamo giovani e con poca esperienza, vero, non avevamo i marmi lucidi con i lunghi e altisonanti nomi dei grandi studi professionali, anche questo è vero, ma possedevamo il coraggio e la forza di idee che in quell'epoca erano nuove e presto sarebbero diventate rivoluzionarie. L'America stava lentamente uscendo dalla Grande Depressione, che come spesso accade quando scoppia una crisi qualcuno si premurò di spiegare. Non gli demmo retta e continuammo a fare di testa nostra, per fortuna, ma in quel momento capimmo come fosse facile manipolare a piacimento le informazioni per astuti quanto oscuri progetti.

«All'epoca fummo i primi a pensare che l'interesse del cliente dovesse essere preminente rispetto al nostro stesso interesse, gli unici a ritenere che i suoi beni dovessero essere custoditi e impiegati con una parsimonia maggiore rispetto a quella riservata ai nostri. Fummo i pionieri dell'idea che mantenendo un'integrità morale e intellettuale avremmo potuto fornire giudizi e analisi indipendenti, senza badare all'impopolarità di un simile approccio. Facemmo della sobrietà il nostro stile, rifuggendo dallo sciorinare pubblicamente i successi raggiunti. Quelli dovevano rimanere patrimonio dei soli committenti e noi dovevamo distinguerci per il basso profilo.

«Obiettività e trasparenza erano le doti che anno dopo anno ci stavano consentendo di lasciarci alle spalle i più blasonati studi di consulenza d'America.

«Con questi ideali, nell'arco di un ventennio, diventammo la più rinomata società di advisory del mondo, quella a cui tutte le altre si accodavano per studiarne il metodo, i comportamenti e i valori.

«Ho detto valori, pensate che questa parola abbia ancora un significato? Forse sto parlando come un povero vecchio che avvertendo l'arrivo di Eris ripensa al proprio come a un tempo migliore; voglio correre questo rischio.

«È vero che la Golden Rocks è cambiata, poiché è naturale che una qualsiasi società che aspiri a sopravvivere ai propri fondatori debba evolversi. Ma permettetemi di dire che i cambiamenti che si stanno succedendo in questi ultimi anni, più che ispirati ai valori della sua fondazione, hanno tutta l'aria di essere condizionati al forsennato godimento di pochi.

«Qualcosa è cambiato, se è vero che abbiamo chiamato Keynes un cane; voi sapete di chi sto parlando. Andate a rileggere le lettere che ha scritto al suo presidente. La storia ha già gli strumenti per giudicare, ma avrà anche autonomia e autorevolezza per poterlo fare? O si piegherà come un miserabile servo allo sguardo del suo sciocco padrone?

«Abbiamo idolatrato gli ideologi della società senza regole ritenendo che la coscienza umana, lasciata libera di agire, sia immune dalle tentazioni. Abbiamo plasmato una società in cui l'essere umano è un semplice attrezzo da sfruttare e poi gettare via per il benessere di pochi eletti, da scannare sull'altare del dio profitto. Abbiamo voluto una società in cui la regola è quella del più furbo o del prepotente; privilegiato una società in cui la dignità è schiacciata, calpestata, soggiogata dalle élite.

«Conosciamo un solo modo per consigliare i nostri clienti a fare utili: il day one profit, il profitto azzanna e fuggi, quello convinto di non dover fare i conti con il domani, quello che in verità piuttosto che creare ricchezza la distrugge nello stesso modo in cui annienta le coscienze.

«Abbiamo progettato prodotti finanziari che non sono altro che sterco di maiale! Vi dico con sincerità che se qualcuno della nostra specie perde milioni di sterline con la nostra robaccia la cosa mi lascia del tutto indifferente, ma se un qualsiasi poveraccio lascia sul terreno le sue sudate sterline o se perde i risparmi accumulati sul fondo pensione allora sì che inizio a preoccuparmi, perché significa che i controllori dei mercati finanziari sono incapaci di fare il proprio dovere e allora vanno subito rimossi, oppure sono collusi e allora vanno arrestati, processati e sbattuti in galera, senza perdere tempo!

«Signori consiglieri, vi chiedo di fare un passo indietro, di ripensare al modello economico a cui ci stiamo ispirando. Non crediate che il nostro benessere sia una condizione acquisita e non più modificabile. Non illudetevi che le nostre democrazie possano resistere immuni a qualsiasi evento. La libertà della quale oggi godiamo non è un bene piovuto dal cielo in un giorno sereno. È pur vero che la democrazia, vanto della civiltà moderna, rimarrà zoppa sino al giorno in cui ciascuno non sarà libero di esprimere il proprio voto o sino a quando ognuno non disporrà delle stesse opportunità per essere eletto a rappresentare, ma pur con queste debolezze la democrazia rimane una faticosa conquista, figlia di sanguinose lotte contro dittature, invasioni, disordine.

«Noi tutti possiamo ritenerci fortunati poiché non sappiamo cosa sia per davvero una guerra. La guerra, nel peggiore dei casi, l'abbiamo guardata scorrere sullo schermo di un televisore, comodamente seduti in poltrona. La guerra ci è servita a realizzare profitti e a scaricare armi obsolete su popolazioni inconsapevoli.

«Siamo dei privilegiati perché non conosciamo l'odore spettrale di un cadavere, il sapore diabolico del sangue sparso da un uomo che colpisce un suo simile. Ma siete certi che la fortuna possa continuare ad esserci favorevole nonostante i nostri comportamenti irresponsabili?

«Senza accorgercene, le nostre sicurezze potrebbero essere annientate dal vento della storia, un vento che altre volte ha soffiato e spazzato via civiltà ben più longeve della nostra, ma che come noi si immaginavano immortali. Un vento che altre volte ha trascinato nella polvere le anime e le coscienze degli uomini riducendoli a esseri bestiali.

«L'avidità ci ha fatto dimenticare cosa voglia dire lavorare per il benessere sociale confondendolo con un benessere esclusivo fatto di denari e opulenza. Impieghiamo il tempo in traffici lucrosi piuttosto che a godere della compagnia dei nostri cari, incuranti che la vita è tanto bella quanto rapida, come un alito di vento, suadente quando ci accarezza, fuggevole quando si allontana.

«Ai nostri clienti continuiamo a suggerire l'adozione di un codice etico. Moralismo di facciata, sudiciume scritto con il sudore della gente depredata dalla nostra ingordigia!

«I nostri piani strategici sono pensati con il solo intento di razziare la ricchezza delle nazioni. Sto parlando delle immense risorse che solo pochi anni fa possedevano gli stati sovrani. Ditemelo! In quali mani sono finiti i giacimenti di petrolio, di gas naturale, le miniere, le autostrade, le compagnie aeree, le telecomunicazioni, le banche, le acque? Le abbiamo consegnate a miserabili capitalisti leccapiedi senza scrupoli e senza denari che hanno provveduto a saccheggiarle senza pietà! Andate a controllare quanto valevano quando erano di proprietà pubblica e quanto valgono oggi; domandate ai lavoratori - a quelli che non sono ancora stati licenziati - che cosa ne pensano dei nuovi padroni. Vi risponderanno che non sono altro che dei fottuti bastardi che hanno spolpato le loro aziende lasciando solo la carogna!

«L'operazione Tower Bridge, che quest'oggi il consigliere De Chatillon ci ha pomposamente presentato, ci farà guadagnare tanto denaro come mai sino ad ora, questo è vero, ma sarà a beneficio esclusivo dei nostri amici banchieri; di coloro che ne hanno meno bisogno! Fottuti sciacalli!

«Avete ascoltato le parole del socio De Chatillon, l'economia vive una fase di grande debolezza. Nell'ultimo ventennio abbiamo ingannato la gente facendo credere che l'inflazione fosse sotto controllo, a livelli ben più modesti della sua reale entità. È stato facile, manovrando con scaltrezza il paniere e il peso dei beni in esso rappresentati, sottopesando o addirittura cancellando quei beni che avrebbero potuto denunciare il vero livello dell'aumento dei prezzi. Così facendo abbiamo ottenuto considerevoli benefici, ma sappiate che quei benefici, di breve durata, ci saranno fatali. La ricchezza delle nazioni non può prescindere da una distribuzione equilibrata delle risorse, l'unica assicurazione per mantenerci al riparo da crisi economiche che diventano crisi sociali e a volte si trasformano in rivoluzioni. È già accaduto, è già accaduto.

«Da un ventennio abbiamo fatto pressione su molti governi per introdurre la flessibilità salariale - baluardo di competitività - come da più parti professato. Una porcheria della quale vi assicuro che non abbiamo la primogenitura. La flessibilità ha origini assai antiche. Popolazioni come gli Inca, gli Atzechi, i Greci, i Romani o le nazioni imperialiste europee avevano anch'esse forme di flessibilità salariale. Altro non erano, allora come ora, che sistemi di schiavitù. Milioni di uomini costretti a lavorare rincorrendo un salario da fame, senza distinzione di pelle, identici ai neri delle piantagioni, non sono altro che schiavi!

«Per massimizzare i profitti delle speculazioni edilizie, abbiamo spinto i governi a eclissare i progetti di edilizia popolare e indotto gli enti previdenziali a cessare gli investimenti in edilizia sociale. Corrompendo gli amministratori, insieme a numerose altre società di consulenza simili alla nostra, abbiamo imposto la svendita degli immobili e l'avvio di operazioni finanziarie che hanno contribuito a sviluppare gigantesche bolle che prima o poi scoppieranno.

«Adesso il mostruoso ingranaggio è in affanno, e noi cosa facciamo? ancora una volta ci schieriamo dalla parte dei banchieri. Per venire incontro al loro insaziabile appetito siamo qui riuniti per decidere il rialzo dei tassi d'interesse, consapevoli che avrà effetti devastanti in tutto il mondo, esattamente come negli anni venti! Gli anni che hanno condotto l'umanità verso le più atroci dittature della storia.

«I grandi vantaggi ottenuti dagli speculatori in materie prime, non solo gas e petrolio ma anche riso, grano e mais, porteranno alla chiusura di migliaia di fabbriche nel mondo industrializzato, ma soprattutto affameranno, ancor più di quanto già non lo siano, le popolazioni più povere del terzo mondo. Sarà una catastrofe epocale! Una drammatica spirale al cui fondo giaceranno degli esseri umani. Esseri umani, ho detto! Esseri umani…

«Gli enti pubblici che hanno sottoscritto i nostri derivati - slot machine, sarebbe più appropriato definirle - per far fronte al pagamento dei differenziali sui tassi saranno costretti a tagliare i sussidi, gli stanziamenti alle scuole, alla sanità, alla sicurezza dei cittadini e alla ricerca scientifica. Sarà un effetto domino dai risultati sconvolgenti. Mi riuscite a guardare negli occhi mentre vi parlo? Mi state ascoltando?

«I nostri padri hanno combattuto per consentirci di vivere in paesi dove regna la pace; vi chiedo di riflettere su ciò che abbiamo voglia di lasciare ai nostri figli, perché il loro futuro è qui davanti a noi, nelle nostre mani. La nostra condotta odierna potrà ipotecare la loro vita, la vita dei loro figli. Spetta solo a noi decidere se è giusto che abbiano la serenità per cui i nostri padri hanno combattuto, anche al prezzo della vita; sta a noi decidere se dargli un futuro di speranza o se portarli dritti all'inferno.

«Nel '74 abbiamo rischiato che la Golden Rocks fosse spazzata via dalle ombre di uno scandalo che ha distrutto la credibilità di un'intera nazione. Steve Sullivan si è suicidato per il semplice sospetto che dietro quelle macchinazioni ci fosse il coinvolgimento della Golden Rocks. Siamo stati indagati a lungo, costretti a chiudere il quartier generale di Washington, riaprendolo dopo alcuni anni col semplice rango di filiale. Mi aspetto che gli errori del passato ci facciano riflettere; siamo ancora in tempo per evitare il baratro. Da solo non potrò fare niente per cambiare il corso degli eventi, ma insieme a voi sì. Vi chiedo di cancellare l'operazione Tower Bridge. Non deludetemi.»

12

La grande sala all'ultimo piano della piramide capovolta, affacciata sulla Willy Brandt Platz e riservata alle riunioni del consiglio direttivo della Golden Rocks, cominciava a fagocitare i consiglieri, uno alla volta.

Dopo l'accorato intervento del consigliere onorario Robert McQueen, il presidente aveva ritenuto utile concedere una pausa di quindici minuti per riorganizzare le idee bevendo del tè o un innocuo caffè. Qualcuno dava uno sguardo distratto al cielo plumbeo di Francoforte, carico di pioggia imminente. Altri parlavano sottovoce a gruppi di due o tre, come se fossero in una chiesetta con pochi adepti al termine della funzione vespertina di uno sperduto paesino di collina in pieno inverno.

Come previsto da una delle regole non scritte, il presidente si preparava a prendere la parola mentre la sala si ricomponeva ordinatamente.

«Colleghi, per quanto possa comprendere i diversi punti di vista, il mio ruolo mi impone di esortarvi a un linguaggio più pacato e rispettoso verso il consigliere onorario Robert McQueen. Nonostante il mio insistente invito, il consigliere McQueen ha ritenuto di non partecipare al prosieguo del dibattito, lasciando libero ciascuno di noi di fare tesoro delle sue parole secondo coscienza.

«Non posso tuttavia esimermi dall'esprimere rammarico per avere udito, in questo onorabile consesso, espressioni particolarmente dure sul contenuto del suo singolare intervento; parole che travalicando il pur condivisibile disaccordo che ciascuno può legittimamente manifestare, sono sfociate in offese che non possiamo invece tollerare.

«Comprendo che le sue argomentazioni siano state pungenti ma forse, a una certa età, la visione romantica e malinconica della vita prende il sopravvento sulla ponderazione dei ragionamenti e gli eventi raggiungono velocità non più sostenibili. Arriverà il giorno in cui ognuno di noi, probabilmente, quando non sarà più in grado di correre, proverà a rallentare il passo dei compagni di viaggio.»

Seduto al grande tavolo ovale, alla punta opposta a quella del presidente, il consigliere svizzero Paul Panetta sembrava ribollire come una pentola d'acqua costretta sopra un fuoco a tutto gas. Non riuscendo a contenere oltre la sua rabbia covata durante l'interminabile esposizione di McQueen, osò interrompere il presidente:

«Signor presidente, con tutto il rispetto che nutro verso il consigliere onorario McQueen, mi sia consentito affermare che egli ci ha profondamente e intimamente offeso.»

«Bravo Paul, finalmente qualcuno che ha il coraggio di dire che non se ne può più di interventi che minano il prestigio del consiglio» gli fece eco alla sua destra l'olandese Van Broek, erede di una delle più potenti dinastie armatoriali del mondo.

«Per favore signori, vi invito alla calma, stiamo parlando dell'unico fondatore ancora in vita della Golden Rocks.»

«Signor presidente, va bene il rispetto per il consigliere McQueen, ma riteniamo che egli dovrebbe attenersi a una condotta che non infanghi il prestigio di questo sodalizio. Il suo comportamento è stato indegno e abominevole, se pensa che siamo un manipolo di delinquenti a questo gioco al massacro io non ci sto!» replicò seccamente Paul Panetta.

«Per favore! Lasciamo da parte queste inutili polemiche e andiamo avanti con i lavori. Con la sua astensione, il consigliere McQueen ha rinviato la proposta de Chatillon a una seconda votazione che avverrà per scrutinio segreto. Il segretario consigliere Joseph Kassam ha preparato le schede e disposto l'urna nella quale le potremo inserire dopo avere espresso la preferenza. Vi invito a votare secondo coscienza e nell'interesse della Golden Rocks. Chiedo al consigliere segretario di fornirci i chiarimenti necessari al corretto espletamento del delicato compito a cui siamo chiamati.»

Joseph Kassam sollevò a fatica i suoi centoventi chili, distribuiti maldestramente su una corporatura che non raggiungeva il metro e ottanta. Si tirò su i pantaloni tenuti in vita da bretelle di seta blu, su cui spiccavano piccoli elefanti bianchi che sembravano marciare in formazione sulla scia di una banda militare. Pareva essersi infilato in pancia un salvagente un po' sgonfio. Con un rapido movimento della mano sistemò il nodo della lunga cravatta Marinella, tagliata su misura per la sua mole. Dopo avere deglutito la saliva di troppo, schiaritosi la voce cominciò: «Grazie presidente. Signori consiglieri, lo scrutinio avverrà subito dopo il termine della votazione. La scheda la conoscete bene, sul lato sinistro riporta la dicitura favorevole, sul destro contrario. La richiesta che andiamo a votare riguarda l'approvazione dell'operazione Tower Bridge proposta dal consigliere Gustav Etienne de Chatillon e consiste nell'adottare ogni utile strategia per portare il tasso di interesse della BCE dall'attuale due al cinque per cento. I consiglieri che desiderino esprimere il loro assenso devono apporre un segno di ics su favorevole, coloro che vogliano manifestare il proprio dissenso devono apporre una ics su contrario. La Tower Bridge è un'operazione di livello segretissimo; come previsto per le operazioni con tale livello di classificazione, non ci sarà alcuna verbalizzazione. Le schede saranno distrutte subito dopo lo scrutinio. Non rimarrà traccia di quanto deciso al di fuori delle nostre memorie e delle nostre coscienze. I consiglieri presenti e aventi diritto di voto sono dodici, compreso il segretario e il presidente. Il consigliere onorario McQueen ha espresso la volontà di non prendere parte alla votazione. La proposta potrà essere approvata con la maggioranza qualificata dei due terzi più uno degli aventi diritto. Vi invito a ritirare la scheda e a votare secondo coscienza e nell'interesse della Golden Rocks.»

Come diligenti scolari pronti a iniziare il compito in classe, i consiglieri si avvicinavano ordinatamente allo scrittoio Luigi XIV, appositamente allestito per le funzioni di segreteria. Ciascuno ritirava la scheda ricevendo dal consigliere segretario una matita ben temperata con la punta nera smussata, quindi si dirigeva verso il grande tavolo ovale a segnare la preferenza, in assoluta intimità.

Quadri, tappeti, vasi, mobili e orologi a parete ornavano la sala. Erano pezzi unici delle migliori epoche, provenienti dall'Europa e dall'oriente, quasi sempre acquistati in asta. Dovevano far riflettere su quanto denaro fosse necessario accumulare per possedere preziosi oggetti senza tempo.

Il presidente osservò in silenzio ciascuno di quegli uomini con cui aveva condiviso buona parte degli ultimi trent'anni della sua vita. Preceduto dal consigliere segretario, raccolse la scheda per ultimo poi si andò a sedere. Dopo avere riflettuto qualche secondo, mosse la mano segnando la preferenza, chiuse la scheda e imitando gli altri consiglieri la depose nell'urna di cristallo prima di indirizzare un discreto cenno al segretario Joseph Kassam, che senza replicare si avvicinò. Il presidente prese la parola e con voce solenne disse: «Dichiaro chiusa la votazione. Autorizzo il segretario consigliere a procedere all'apertura delle schede e a scrutinarle.»

Joseph Kassam rovesciò le schede sul tavolo ordinandole rapidamente. Le mani assomigliavano a enormi pale intente a ripulire il selciato. Dopo averle contate per due volte, assorto in viso incominciò ad aprirle.

«Grazie presidente. Sono presenti dodici consiglieri su tredici aventi diritto. Votanti dodici, nessun astenuto.
Scheda numero uno, favorevole. Scheda numero due, favorevole. Scheda numero tre... contrario. Scheda numero quattro, favorevole.»

Nella sala era sceso un assordante silenzio rotto solo dal discreto ticchettio di una pendola poggiata ad angolo, lontana dal tavolo dov'erano riuniti i consiglieri.

«Scheda numero cinque, contrario. Scheda numero sei, favorevole. Scheda numero sette, favorevole. Scheda numero otto, favorevole.»

Pareva che le sue parole volessero alternarsi, ben ritmate, con quell'oggetto che aspirava a regolare il tempo.

«Scheda numero nove, favorevole. Scheda numero dieci, favorevole. Scheda numero undici... contrario.»

Joseph Kassam si fermò per versare dell'acqua nel bicchiere. Il respiro, ora affannato, era quello di un maratoneta agli ultimi chilometri prima del traguardo. Ruotò lo sguardo verso il presidente, il cui volto si era trasformato in una maschera di cera. Un ultimo voto contrario avrebbe significato dare l'addio a un guadagno personale che aveva stimato prossimo al miliardo di sterline. Una rinuncia che non avrebbe accettato per nulla al mondo. Il presidente guardò ciascuno di quegli uomini provando a indovinare se tra di loro si nascondesse un quarto traditore. Non si era accorto che il segretario consigliere aveva poggiato il bicchiere sul tavolo e aperto la dodicesima scheda. Pronto a dichiarare il risultato dell'ultimo voto, guardò quel foglio come se contenesse vergata la data della sua morte. Kassam prese un profondo respiro e dopo essersi asciugato il sudore della fronte, con un candido fazzoletto celeste, disse: «Scheda numero dodici... favorevole.» In sala si udì un leggero brusìo.

Joseph Kassam volse lo sguardo verso Alain Duchamp e d'un fiato disse: «Signor presidente, il consiglio direttivo della Golden Rocks ha approvato a maggioranza qualificata l'operazione Tower Bridge.»

«Grazie Joseph» gli fece eco il presidente non riuscendo a nascondere la tensione, quindi, messosi in piedi, annunciò: «Signori consiglieri, sono fiero che l'organo decisionale della Golden Rocks sia riuscito a ritrovare la propria coesione. La compattezza della risposta, in una fase delicata come quella attuale, mi rende particolarmente orgoglioso di essere il vostro presidente. I diversi e a volte contrastanti punti di vista sono del tutto comprensibili in una società che aspiri a primeggiare. Il confronto costruttivo aiuta a comprendere e analizzare con maggiore senso critico le strade che intendiamo percorrere. Ad un certo punto tuttavia, arriva il momento in cui si devono accantonare i distinguo e i particolarismi sacrificando le proprie idee sull'altare di una causa e di un bene comune. Il dialogo attraverso cui i membri di una società civile ritrovano la solida coesione assume un valore premiale.

«Oggi, ancora una volta, siamo riusciti a dimostrare che la Golden Rocks fa della compattezza e della determinazione i propri punti di forza. Posso finalmente spazzare il campo da ogni motivo di incertezza, sciogliere ogni riserva residua e dichiarare approvata l'operazione Tower Bridge. I compiti di coordinamento, controllo e realizzazione vengono affidati al consigliere Gustav Etienne de Chatillon. In ragione della delicatezza dell'incarico, Gustav sarà coadiuvato da un nutrito team composto da cinque partner che individuo nei signori Adam Smithwilson, John Mayord Kilos, Vincent Chiaromonte, Ricardo Delgado e nella signora Rozalia Polac.

«Per la parte analitica avranno la facoltà di avvalersi dei collaboratori che riterranno più utili al progetto. Questi ultimi tuttavia, non dovranno essere edotti sui contenuti dell'operazione. Per l'attività di lobbying, come di consueto, potranno fare affidamento su ciascun membro del direttivo. Dichiaro chiusa la sessione di lavoro. Il prossimo appuntamento è a Washington, tra quindici giorni.»

Dopo quelle accorate parole, Alain Duchamp, ormai esausto, si sedette. Non riuscendo a nascondere l'ansia accumulata in quella giornata indimenticabile chiuse gli occhi, serrando le palpebre in una smorfia. Dopo alcuni secondi espirò nervosamente, come a voler scacciare via tutta la tensione.

13

Sul campanello d'ingresso posizionato a destra del cancello pedonale non appariva nessun nome. C'era semplicemente un cerchietto verde chiaro marcato con un pennarello a punta sottile; un tratto del tutto insignificante per chiunque, tranne per chi era alla ricerca proprio di quel segnale.

Le case a due piani di Kent Street erano tutte identiche, micro abitazioni a schiera di un anonimo quartiere periferico in cui il Tamigi, prima di lasciare la città, scorreva più lento. Avevano ospitato le famiglie più povere delle ondate migratorie che si erano succedute nel tempo. Gli irlandesi prima, quindi gli indiani, i bangladesi, i pakistani, i caraibici, i russi e i bulgari. Adesso i romeni e nuovamente gli inglesi, i più disagiati, in gran numero.

Sui cinque gradini che dal piccolo cortile fronte strada conducevano alla porta d'ingresso, erano stati sistemati grandi vasi di rose pilgrim, i cui fiori, a primavera, diffondevano un odore inebriante. I rami intrecciati a semiarco riuscivano a celare completamente le sagome di coloro che dopo avere suonato il campanello attendevano pochi istanti sul pianerottolo prima che qualcuno aprisse la porta.

«Buongiorno signore, prego si accomodi.» La ragazza accompagnò il saluto della voce con un gesto di benvenuto della mano, inclinando leggermente la testa. Era vestita con un tailleur giacca e pantaloni albicocca. Il tacco sei delle scarpe nere in morbido vitellino dava la giusta importanza ad uno slanciato metro e settantacinque.

I due si avviarono lungo il corridoio che conduceva al salottino. Sui muri giallo opaco erano state sistemate serigrafie della campagna inglese nell'ottocento, scene di caccia alla volpe e cavalli in posa. La soffice moquette attutiva perfettamente i passi rendendo confortevole la camminata. Le luci soffuse dei faretti, proiettate verso l'alto, ben si intonavano alla delicata musica black di sottofondo diffusa da un sofisticato sistema acustico che assicurava limpidezza al suono. L'ambiente riusciva a trasmettere pulizia e ospitalità.

Gustav Etienne de Chatillon si sedette sul divano di fianco al mobile bar semicircolare, pronto ad abbandonarsi a quel piacere lascivo che anche la nuova fidanzata Tiffany, non sarebbe mai stata in grado di regalargli. La ragazza si ricordava perfettamente di quell'affascinante volto abbronzato dai tratti spigolosi. La capigliatura era folta e brizzolata, il naso schiacciato sembrava essere stato rotto da un cazzotto ben assestato di una mano pesante. "Un ex pugile forse, ma i pugili non possiedono mani così curate" pensò porgendogli un bicchiere di rum invecchiato dodici anni in cui aveva immerso una scorzetta di lime, il suo preferito.

«Vado a chiamarle Katinka?» domandò la ragazza.

«No, oggi preferisco rivederle tutte» rispose con tono fermo ma gentile Gustav Etienne.

«Va bene, le faccio venire immediatamente» disse la ragazza rivolgendogli un sorriso che mostrava denti bianchi perfetti. Si allontanò mettendo in mostra una bella chioma di capelli chiari, biondo cenere, raccolti in una coda lunga e perfettamente intonata ai vivaci occhi grigioazzurro che rammentavano paesaggi russi. Dopo alcuni minuti, rientrò nel salottino seguita da sette ragazze che procedevano in fila ordinata, vestite con mutandine ingenuamente coperte da una vestaglia corta di seta aderente con décolleté di colori differenti. Si andarono a posizionare in piedi a circa quattro metri di fronte a Gustav Etienne. Katinka sembrava delusa.

«Parlano inglese?» domandò Gustav Etienne alla ragazza con il tailleur, andatasi a sedere accanto a lui, come una confidente.

«Tutte tranne Victoria, è con noi solo da qualche giorno» si affrettò a rispondere sottovoce la ragazza indicando quella con la vestaglietta gialla.

«Voglio la ragazza in rosso» disse Gustav Etienne dopo avere bevuto d'un fiato il suo rum, poggiando il bicchiere sulla moquette e allungando alla ragazza con il tailleur otto banconote da cinquanta raffiguranti il nobile volto a tre quarti della regina.

«Si chiama Monika, ha ventuno anni ed è molto brava, ha seguito un corso di sei mesi a San Pietroburgo» precisò la ragazza con il tailleur, prima che Monika lo prendesse silenziosamente per mano conducendolo verso l'ultima stanza, la più lontana rispetto al salottino.

«Desidera fare una doccia, signore?» domandò Monika dopo essersi chiusa la porta alla spalle.

«Non ce n'è bisogno, l'ho appena fatta in albergo, grazie.»

«Quanto tempo ha a disposizione, signore?»

«Sono le dieci e trenta, un'ora e mezza dovrebbe essere sufficiente» rispose Gustav Etienne consultando il Patek da immersione indossato al polso destro.

«Bene signore, un'ora e mezza è il tempo ideale. Ha qualche preferenza?»

«Lei cosa mi suggerisce?»

«Per prima cosa dovremmo iniziare a darci del tu, se lei è d'accordo. Per quanto riguarda l'aroma, preferisco l'essenza di bergamotto.»

«Non l'ho mai provata ma mi fido di te, il bergamotto è perfetto, quanto al tu è decisamente da preferire, ma solo qui. Mi puoi chiamare Jack, mi piace farmi chiamare Jack.»

«Sarà molto difficile che ci possiamo incontrare altrove, io sto qui tutto il giorno e questa città è talmente grande. Jack è un bel nome, ti aiuto a spogliarti?» domandò Monika.

«Volentieri» rispose Gustav Etienne.

Con accurata lentezza, Monika gli aveva sfilato la giacca e la cravatta. Dopo avere sbottonato i bottoni - mettendo in mostra un sensuale french manicure - gli stava lentamente togliendo la camicia e accarezzando la schiena ancora muscolosa, nonostante l'età vicina ai cinquanta. Monika si muoveva come una gatta in calore. Sapeva perfettamente quel che faceva perché lo aveva fatto tante altre volte, ma soprattutto perché il potere di quei gesti la inebriava.

Gustav Etienne non poté fare a meno di chiudere gli occhi per qualche istante, gustando il piacere di quel rito portato avanti con sapiente maestria.

Messasi in ginocchio davanti a lui, gli aveva tolto le scarpe e le calze, sfilato la cintura, aperto il pantalone e abbassato la cerniera, continuando a lambirgli il corpo con le unghie, quindi lo aveva liberato del boxer in seta bordeaux senza neanche sfiorarlo.

«Adesso vieni che ti porto in paradiso» gli aveva sussurrato prima di farlo distendere pancia in giù sul futon, coprendolo in vita con un candido asciugamano tiepidamente riscaldato.

«Metto su un po' di musica e sono tutta tua.»

Gustav Etienne cominciava a rilassarsi. Sapeva che sarebbero seguite giornate molto impegnative e forse avrebbe dovuto aspettare un'intera settimana prima di potervi ritornare. Desiderava godersi quel momento senza pensare ad altro. La crema di bergamotto riscaldata a trentotto gradi che Monika aveva iniziato a spalmargli sulla gamba destra ebbe l'effetto di fargli dimenticare ogni pensiero. La sua mente cominciava a vagare in un sogno senza meta. Non sapeva ancora dove lo avrebbe condotto.

14

Londra, Canary Wharf
quartier generale della Golden Rocks

«Scusate il ritardo ma sono stato impegnato in una delicatissima riunione. Vi presento Edward Jones; se qualcuno ancora non lo conoscesse, Ed lavora al Dipartimento di Stato ed è uno stretto collaboratore del Presidente oltre che un ottimo lobbista del Congresso. Adesso mettiamoci al lavoro, siete pronti?» domandò Gustav Etienne de Chatillon fregandosi le mani, con lo sguardo rivolto verso Rozalia Polac seduta alla sua sinistra. Nessuno rispose a quella domanda, che con tutta evidenza non ammetteva repliche.

«Bene, iniziamo con un giro di tavolo, voglio ascoltare ogni singola idea che vi è venuta in mente in questi giorni; stiamo giocando una partita in cui le regole le decidiamo noi e qualsiasi proposta potrebbe risultare utile. Adam, a te la parola.»

«Grazie Gustav. Credo che dovremmo approfittare dell'attuale tensione sul prezzo del petrolio per innescarne un'accelerazione al rialzo: alcuni tra i nostri più diretti concorrenti - riprendendo le analisi di importanti economisti - sostengono che l'aumento della domanda di petrolio da parte di Cina e India abbia una notevole incidenza sulle sue quotazioni.»

«Sei sicuro che una sciocchezza del genere potrà essere avvalorata?» lo interruppe bruscamente Ricardo Delgado, visibilmente infastidito. «È un'idiozia, una rappresentazione banale della realtà senza nessun interesse pratico.»

«Ricardo, ti chiedo solo di ascoltare il mio ragionamento, un po' di pazienza» rispose piccato Adam Smithwilson. «Il rapporto sul petrolio elaborato dal nostro ufficio studi di Hong Kong ha chiarito che ci sono immense disponibilità di petrolio su numerosi mercati, questo è il nostro primo problema. Il costante miglioramento delle tecniche di estrazione a grandi profondità inoltre, tra pochi anni renderà conveniente lo sfruttamento di giacimenti che pur essendo stati localizzati non sono ancora a regime, secondo problema. Nei paesi più progrediti la richiesta di petrolio è in continua discesa a vantaggio di fonti energetiche rinnovabili, terzo ed ultimo problema.

«La nostra eccellente Stephanie Walker ci ha comunque fornito almeno un paio di notizie rassicuranti; la prima è che avremo petrolio in abbondanza per altri duecento anni, la seconda che l'attuale valutazione è puramente speculativa.

«Signori, ci sono i presupposti per rivoluzionare l'economia moderna: prezzi crescenti su materie prime largamente disponibili! Non ci resta che amplificare la relazione tra sviluppo industriale e prezzo del petrolio» concluse orgoglioso Adam Smithwilson.

«Per quanto stupida possa sembrare, un'impostazione del genere potrebbe incontrare il favore della comunità scientifica internazionale, poco incline alla critica e molto attenta ai confortevoli salotti» disse con perfida ironia Rozalia Polac.

«Grazie del tuo appoggio, Rozalia» le rispose Adam, con un sorriso compiaciuto. «In tutti questi anni ho imparato che non ha importanza ciò che è vero rispetto a ciò che può sembrare verosimile; avete perfettamente ragione, la teoria è banale ma può affascinare molti e trovare terreno fertile per una rapida diffusione e un pubblico riconoscimento. L'essere umano passa la sua vita cercando risposte e quando non è in grado di fornirne di razionali tende a offrirne di verosimili» concluse Adam Smithwilson lasciando scivolare la penna sul tavolo.

John Mayord Kilos guardava quel quadretto familiare con aria divertita, continuando a prendere appunti. Quando ebbe la sensazione che l'argomento fosse stato sufficientemente snocciolato, si sfilò gli occhiali in titanio con lenti rotonde, li poggiò sul tavolo e disse la sua: «Miei cari colleghi, sebbene appaia risibile questa teoria potrebbe sfondare. Gli economisti sostengono che i paesi emergenti sono i responsabili della spinta al rialzo del petrolio e noi glielo lasceremo credere. Ricardo, credo che Adam abbia ragione; anche tu hai ascoltato quelle interviste in cui venivano accuratamente spiegati i rischi legati all'ingresso dei paesi emergenti nel mercato globale; non vi nascondo che dopo un iniziale smarrimento anch'io ho pensato che se si vuole si possono rendere autorevoli anche delle bestialità.»

Le parole di John Mayord Kilos avevano riempito di entusiasmo Adam Smithwilson, che riprese la parola. «Vorrei aggiungere che potremmo sfruttare la convinzione che i prossimi inverni saranno più freddi e che una fetta sempre più larga della popolazione mondiale utilizza il petrolio per riscaldarsi. So bene che è una tesi già ampiamente sfruttata, ma non credo che i mercati staranno troppo a sottilizzare e chi potrà si tufferà a pesce sull'affare.»

«Anche questa è da mal di pancia, ma devo convenire che potrebbe rivelarsi utile; ne abbiamo di scienziati che sgomitano per raccontarci le loro fandonie sul riscaldamento globale del pianeta e sugli improbabili processi di desertificazione in atto in molte regioni, speriamo solo che il freddo e le piogge tardino il più a lungo possibile a ritornare, sarebbe imbarazzante per quei capoccioni essere smentiti così in fretta» disse divertito Ricardo Delgado, che aggiunse «se posso dare il mio modesto contributo, suggerirei di focalizzare l'attenzione sulle questioni belliche; siamo certi che quelle non tradiscono mai. La guerra in Iraq durerà ancora a lungo ma non è sufficiente, è necessario prestare attenzione ai nuovi fronti: spingendo su Iran, Libia e Venezuela sono certo che otterremo l'appoggio incondizionato delle lobby di Washington e, non lo escludo, anche di Parigi e Londra. Ogni parola, azione, pensiero o silenzio dei tre leader dovrà essere manipolato per scatenare la propaganda» disse Ricardo strizzando l'occhio al lobbista americano, che abbozzò un sorriso.

«Con l'Iran abbiamo meno problemi; la tensione è già sopra il livello di guardia e Israele ci dà una grossa mano. I deliri di Ahmadinejad, più che una minaccia reale, sembrano il risultato di una impeccabile strategia di marketing: più lui strilla più aumenta il prezzo di gas e petrolio e più lui rinforza la sua leadership. Un ottimo alleato, lasciamolo fare. Discorso analogo per l'amico libico.

«Col Venezuela dobbiamo sfruttare le asimmetrie informative usando la debolezza della Bolivia. È necessario appoggiare con maggiore convinzione i controrivoluzionari delle provincie orientali di Pando, Tarija e Santa Cruz, le più ricche di giacimenti. Sono stufi di Morales e non aspettano altro che l'occasione giusta per farlo fuori; Edward è sicuramente più aggiornato di me. Se siete d'accordo, potremmo inviare in missione un paio di consulenti del settore minerario; la notizia dovrà essere rilanciata con discrezione in un trafiletto ben appartato di un giornale locale, facendo menzione di contatti esplorativi tra le province separatiste e non meglio precisate società petrolifere interessate a sondare il terreno su eventuali accordi di concessione. Chavez non se ne starà a guardare e temendo che l'incendio possa divampare tra Tàchira e Mérida inizierà a sbraitare. Si muoverà come un elefante in una cristalleria e i future sul petrolio schizzeranno; come un domino saranno bersagliate tutte le materie prime e l'inflazione di carta manderà il sistema in fibrillazione. Alla

Banca Centrale Europea i ragazzi potranno liberamente alzare i tassi; un lavoro pulito.»

La proposta di Ricardo Delgado fece brillare gli occhi di Gustav Etienne de Chatillon. Il suo pupillo, ancora una volta, aveva colpito nel segno.

«Per quanto banale possa sembrare, il rialzo dei tassi non farà che alimentare l'inflazione di carta» sentenziò Rozalia Polac «ma non lo si riuscirà a capire per tempo, o forse non lo si capirà mai.»

«Ne sono convinto anch'io, il nostro team di Washington lavora senza sosta per pompare i tassi sui mercati americani; i risultati conseguiti sono assolutamente confortanti e ci lasciano ben sperare sul raggiungimento di tutti gli obiettivi» concluse Gustav Etienne de Chatillon.

«Quanto Gustav?» domandò Vincent Chiaromonte, sino a quel momento rimasto silenzioso e in disparte.

«Ne abbiamo già discusso in consiglio, porteremo i tassi al cinque per cento.»

«Non parlavo dei tassi, quanto incasseranno i consiglieri della BCE per stare al gioco?»

«La questione è di scarsa rilevanza ma non voglio deludere la tua curiosità, abbiamo un preventivo di spesa di seicentocinquanta milioni di euro. Verranno usati i fondi speciali delle Isole Vergini. Ci saranno cento milioni a testa per i consiglieri e centocinquanta per il presidente che ci metterà la faccia per le comunicazioni di rito. Considerando che con lo stipendio non arrivano a 250 mila lordi annui, lo ritengo un compenso ragionevole.»

«Credi che accetteranno?» domandò Vincent.

«Ragazzo mio, devi sapere che tutti hanno un prezzo e cento milioni sono una cifra che non si può rifiutare. Vedi, a volte un costoso orologio è sufficiente per acquistare persino i favori di un capo di stato, altre volte ci vogliono soldi, tanti soldi, ma non sai quanto pagherei per sapere cosa ti prende, fai delle domande che mi danno la sensazione di non conoscerti più» disse Gustav Etienne.

«Niente di interessante, penso solo che la portata delle nostre azioni potrebbe andare ben oltre i rischi di una banale e controllata crisi economica.»

«Sta tranquillo Vincent, di choc economici ce ne sono già stati a decine, uno ogni dieci o quindici anni, e puoi essere certo che altri ne arriveranno. L'unica differenza è che questo sarà solo un po' più violento rispetto al passato. Ad essere sincero, non sono neanche tanto sicuro che il rialzo dei tassi avrà effetti particolarmente critici. Pensa agli Stati Uniti; nonostante il rialzo dei tassi l'economia continua a tirare. Almeno è quanto ci raccontano gli economisti di mezzo mondo, se poi sia una fandonia non spetta a me verificarlo; ma la cosa che mi impensierisce più di ogni inutile teoria è che se non saremo noi a concludere il *lavoro* ci penserà qualcun altro, questo sì che è un rischio che non possiamo permetterci di correre.»

15

Francoforte, 15 giugno 2006

Dopo la riunificazione tedesca, la Germania si era resa protagonista di una inarrestabile ascesa politica che l'avrebbe portata a consolidare una posizione di primo piano nello scacchiere mondiale. Posizione che le aveva finalmente consentito di scrollarsi di dosso il macigno della grande sconfitta. La decisione di insediare la sede della Banca Centrale Europea proprio a Francoforte fu accolta senza nessuna meraviglia. Venne considerata una semplice formalità notarile.

Dal giugno '98, pur continuando a mantenere il quartier generale a Londra, dove era stato trasferito nel '74 a seguito del pesante coinvolgimento in uno scandalo che aveva fatto tremare l'America, la Golden Rocks aveva stabilito che le attività operative di tipo monetario fossero concentrate a Francoforte.

All'architetto italiano Piero Dalfino fu affidato l'incarico di realizzare un nuovo edificio. Avrebbe dovuto superare l'Eurotower per eleganza e forza evocativa. Trenta mesi dopo l'approvazione del progetto, veniva inaugurata la Piramide Capovolta, una struttura avveniristica che avrebbe rivoluzionato l'architettura moderna.

Il dipinto della maturità di Cézanne, *I giocatori di carte*, acquistato all'asta per ottanta milioni di sterline, era stato sistemato sulla parete opposta al magnificente ingresso principale. Doveva generare - nei pochi che avevano il privilegio di accedere a quell'edificio - dapprima meraviglia, poi istintivo timore reverenziale.

«Presidente? Mi scusi se la disturbo.»

«Signora Hoffman, le avevo detto di non interrompermi sino al termine della riunione!»

«Mi perdoni, ma Fruchit ha insistito.»

«Cosa? Lui? Ha telefonato personalmente?»

«Anche a me è parso strano, gli ho spiegato che lei era impegnato ma ha risposto che si trattava di una questione della massima urgenza e che dovevo passare la telefonata, sembrava molto alterato.»

«Va bene, non si preoccupi, lo metta in attesa in sala riunioni. Signori, vi devo chiedere di pazientare, mi allontano per qualche minuto; vi faccio servire dello champagne.»

«Nessun problema presidente, faccia con comodo» rispose Francesco Di Staso.

Fasciato elegantemente in un doppio petto grigio, il presidente della Golden Rocks Alain Duchamp si allontanò con incedere sicuro verso la sala attigua.

Si mise comodo sulla sua poltroncina del tavolo riunioni, aprì l'humidor e scelse un Cohiba, senza nessuna fretta. Lo odorò prima di serrarlo delicatamente tra le labbra. Non lo accese. Sollevò la cornetta del telefono, premette il pulsante con la spia lampeggiante e si inarcò sullo schienale, che per il peso si reclinò di trenta gradi.

«Sii, pronto?» disse, allungando il suono sulla i, come faceva di solito con chi aveva una particolare confidenza.

«Alain? Sono Jean Paul.»

«Carissimo come stai?» riuscì a dire con assoluta tranquillità, pur avendo percepito nel suo interlocutore un tono che non lasciava spazio a inutili convenevoli.

«Non bene. Ho provato a chiamarti sul cellulare ma era spento, dobbiamo vederci oggi, immediatamente.»

«Mi dispiace Jean Paul, alle quattro parto per Tokio…»

«No Alain, ci dobbiamo incontrare subito, ho idea che il tuo viaggio dovrà aspettare, almeno per un po'.»

«Non ti capisco, che fretta c'è? Possiamo vederci la prossima settimana al mio rientro o parlarne adesso al telefono, dimmi...»

«Alain, ti aspetto oggi pomeriggio nel mio ufficio. È una cosa importante; di persona, solo io e te.»

«D'accordo, ti raggiungo alle tre e un quarto, a più tardi.»

«A dopo.»

Alain Duchamp rimase qualche secondo a osservare il telefono muto, provando a immaginare una sola ragione logica che aveva potuto indurre il presidente della Banca Centrale Europea a chiedergli un appuntamento con tanta insistenza; "Politici senza coglioni, non sono in grado di risolvere il benché minimo problema" fu l'unico pensiero che gli venne in mente aprendo la porta dello studio, pronto a riprendere la riunione bruscamente interrotta.

«Eccomi qui, scusate l'imprevisto, ho dato disposizioni di non interrompermi neanche se dovesse venire giù la Tour Eiffel.»

«Non si preoccupi presidente, ne abbiamo approfittato per discutere della sua proposta.»

«Allora spero di avervi convinto, nel breve tempo che mi è stato concesso.»

«In effetti riteniamo la sua offerta assolutamente degna di considerazione; tuttavia, lei potrà ben comprendere che la materia della quale ci occupiamo esula dal nostro potere decisionale, rientrando nella competenza esclusiva del comitato di gestione del nostro istituto. Inoltre dovremo avviare consultazioni ad ampio spettro e queste potrebbero richiedere del tempo e avere un esito incerto e aprioristicamente indefinibile» aveva detto Francesco Di Staso, orgoglioso di sfoderare quel politichese di cui tanto andava fiero. Non si era ancora reso conto che tra quelle mura discrete non si faceva politica, più semplicemente la si dominava.

«Signori, la Golden Rocks ritiene di poter offrire al fondo pensione che rappresentate e gestite con grande impegno e professionalità la possibilità di prendere parte a quello che riteniamo si potrà rivelare uno degli affari più redditizi dell'anno, di sicuro il più redditizio della vostra vita. Prima di contattarvi abbiamo analizzato a lungo la storia del vostro ente pensionistico e ci siamo resi conto che esistono punti di forza e di debolezza nella sua gestione operativa, così come abbiamo capito che il comitato - del quale voi fate parte da più di tre anni - è libero di assumere le proprie decisioni in autonomia, non essendo vincolato neanche al parere dei lavoratori che alimentano il fondo con i propri contributi e che in un paese civile ne sarebbero stati i veri padroni» disse Alain Duchamp con tono severo.

«Deduco che i vostri analisti hanno perso molto del loro prezioso tempo a ficcare il naso in casa nostra» rispose con sguardo ostile Francesco Di Staso, amministratore del fondo pensionistico degli agenti e rappresentanti di commercio *Pianeta*.

«Caro dottor Di Staso» lo interruppe Alain Duchamp, accentuando quel tanto inutile dottor, «pur essendo francese amo particolarmente l'Italia. L'arte, il mare e la cultura, sono un richiamo irresistibile, ma insieme alle amenità dei luoghi ho appurato che da un ventennio l'Italia è soprattutto il paese in cui si possono concludere ottimi affari. I 48.000 immobili di proprietà del suo ente ci attraggono; ci interessa organizzare la loro vendita, così come il loro acquisto ha destato l'attenzione di molti tra i nostri clienti più attivi nel *real estate*. I diciotto miliardi di euro che se ne possono ricavare, sommati ai dieci che avete liquidi o investiti in titoli governativi, fanno gola a molti. Non è il caso di prendersi in giro, siamo uomini di mondo.»

«Presidente, mi compiaccio che lei abbia compreso che il nostro fondo ha una capacità attrattiva da non sottovalutare, ma la devo correggere almeno su un paio di punti» replicò stizzito Francesco Di

Staso, mentre Gerardo Rizzo, il consigliere che lo accompagnava in quella delicata missione, dopo le prime battute aveva capito che il suo ruolo sarebbe stato quello del semplice animale da compagnia.

«La sto ascoltando» disse Duchamp giocherellando con il Cohiba ancora spento.

«Non abbiamo portato a termine la *due diligence* interna, ma dai dati in nostro possesso riteniamo che il valore del nostro patrimonio immobiliare superi di slancio i venticinque miliardi di euro, mentre lei ci parla di diciotto miliardi appena. In secondo luogo, la informo che un gran numero di società ci sta corteggiando; il nostro fondo brilla di luce propria e non è detto che sarete voi quelli con cui concluderemo l'accordo, tutt'altro.»

Francesco Di Staso non ci stava a farsi mettere i piedi in testa, "Da questo frocetto francese, proprio no…"

«La prego signor Di Staso, lasciamo stare le *due diligence*, sono solo inutili rompicapo per ragionieri pignoli. Qui nessuno vuole sottovalutare la capacità attrattiva del fondo Pianeta, così come nessuno intende sminuire il ruolo che per tutti questi anni voi del comitato avete svolto. I vostri iscritti dovrebbero esserne grati, ma soprattutto voi - sono sicuro - ogni giorno siete loro riconoscenti per i compensi che vi continuano a pagare, inconsapevolmente, visto che quei compensi ve li siete assegnati con la più ampia discrezionalità, e lasciatemelo dire indulgenza, senza che i contribuenti abbiano mai potuto valutare la vostra capacità di amministrare i loro denari.

«La memoria mi può ingannare, mi faccia riguardare le mie carte; ecco qui, 350.000 euro l'anno per ogni membro del consiglio, oltre a un appartamento di proprietà del fondo in un esclusivo quartiere di Roma a un canone che non supera i trecento euro al mese con opzione di riscatto al cinquanta per cento del valore catastale al termine del mandato. Non male, complimenti; un lavoro davvero eccellente, è da tempo che non mi stupisce più la sfacciata scaltrezza con cui voi italiani riuscite ad assicurarvi compensi che farebbero impallidire le indennità della Regina. Lei sa meglio di me che un qualsiasi inutile consulente, pubblico o privato che sia, quando lavora per conto del suo Stato riesce a portare a casa prebende che superano lo stipendio del nostro Presidente della Repubblica. Siete riusciti a legalizzare le tangenti sostituendole con le consulenze, molto più chic, avete costruito una gigantesca macchina clientelare per puntellare il consenso elettorale. Da noi sarebbe scoppiata una rivoluzione, ben più violenta di quell'*altra*» disse Alain Duchamp.

"Figlio di puttana". Rosso in volto, Francesco Di Staso si era sentito schiacciato con le spalle al muro. «Non so come sia riuscito a ottenere queste informazioni» replicò con tono incerto.

«Le informazioni privilegiate sono il vero potere» lo incalzò Duchamp «non vorremmo certamente che si venga a sapere in giro ciò che siamo riusciti a scoprire con molta discrezione; ci sono voluti anni di lavoro, di amicizie e di favori, ma stia tranquillo amico mio, noi siamo dalla stessa parte e a me interessano semplicemente gli affari.» Duchamp era consapevole di avere messo all'angolo l'avversario. Troppo scaltro per capire che non doveva spingersi oltre. Umiliare chi si preparava alla resa era un gioco che non lo aveva mai interessato.

«Temo di non riuscire a comprendere esattamente a cosa si riferisca»

«In questo caso cercherò di essere quanto più chiaro mi è possibile, scusandomi per qualche accento fuori posto: se solo venisse fuori la storia dei benefici di cui avete goduto per tutti questi anni sareste costretti a rifugiarvi in un paradiso tropicale neanche troppo conosciuto, nella speranza di riuscire a emigrare prima di essere linciati dai contribuenti del fondo. Lei sa bene quanto me che se volessimo potremmo scatenare una campagna stampa che non vi lascerebbe via d'uscita. Potrebbe venire fuori la storia delle ventidue trasferte a Dubai in lussuosi alberghi da novecento euro a notte, o quella delle ragazze che vi hanno tenuto compagnia anche a gruppi di due o tre per volta. Pensi a cosa potrebbe accadere, a come riuscire a giustificare un numero così alto di soggiorni inutili e costosi alle vostre famiglie, ai contribuenti o alle amanti. Ma stia tranquillo amico mio, queste cose non ci interessano, sono così noiosamente personali che non dovremmo neanche stare qui a discuterle.»

«Lei sembra molto sicuro di sé, signor Duchamp» ebbe la forza di replicare Di Staso.

«Mi ascolti bene signor Di Staso, non creda che io stia bluffando. Sono un uomo pratico che non ama battersi con nessuno, ma se fossi costretto a farlo sarebbe con la certezza di annientare il mio avversario, niente di meno. Non vi voglio considerare nemici e vi sto offrendo una più che dignitosa contropartita. Valutare il vostro patrimonio immobiliare sette miliardi in meno del valore reale può significare che tutti quanti noi concludiamo un ottimo affare. Vi offriamo il doppio di quanto potreste guadagnare riuscendo a rimanere nel consiglio del fondo per il resto dei vostri giorni, oltre a cinque milioni di una tantum per la vostra buona volontà. Pagamento estero su estero su conto cifrato in uno o più conti di una banca a vostro piacimento, in un qualsiasi paradiso fiscale o anche nella vostra amata Svizzera, se preferite. Il tutto con la certezza che nessuno verrà mai a conoscenza del nostro accordo. La mia offerta non è negoziabile, l'alternativa sarebbe quella di essere cacciati via entro la fine del prossimo mese dicendo addio a una vita agiata e spensierata.»

Francesco Di Staso aveva capito che Duchamp aveva giocato come il gatto col topo. Dopo avere osservato l'avversario e preso le misure aveva spalancato le fauci. Di Staso era un uomo combattivo, ma non uno stupido. Un politico di lungo corso, che dopo tanti brocchi era finalmente riuscito a montare in sella al purosangue vincente. Avrebbe fatto di tutto per non lasciarsi disarcionare. «Cosa dovremmo fare nel caso decidessimo di aderire alla sua proposta?»

«Alla prossima riunione del consiglio di amministrazione approverete la delibera per la messa in vendita dell'intero patrimonio immobiliare. Bandirete una gara pubblica - tagliata su misura per una nostra consociata - per la valutazione dei cespiti e il coordinamento dell'operazione. I nostri tecnici hanno già predisposto il verbale con tutte le specifiche. Il vostro compito si limiterà a una semplice approvazione, all'unanimità. Dopo la liquidazione del patrimonio, la gestione del denaro sarà affidata a una società veicolo appositamente costituita. Diversamente da quanto è avvenuto sino ad oggi, la nuova società non sarà più obbligata a investire in titoli governativi, ma potrà liberamente scegliere tra gli strumenti finanziari che offrono le opportunità più interessanti: azioni, obbligazioni strutturate, materie prime, valute e derivati. Insomma, una gestione più moderna delle quote pensionistiche. Voi rimarrete consiglieri del fondo per molto tempo ancora. Aderendo alle nostre linee guida e seguendo alla lettera ognuno dei nostri suggerimenti, potrete continuare a condurre una vita brillante, senza rinunciare ai vostri meravigliosi viaggi di piacere. La Golden Rocks si farà carico di qualsiasi incombenza. Adesso vi devo lasciare, tra qualche minuto ho un'altra riunione. I miei collaboratori vi stanno raggiungendo per i dettagli dell'operazione. Vi abbiamo riservato due suite all'Intercontinental, un nostro incaricato sarà a completa disposizione affinché possiate liberamente godere dei numerosi comfort della città. Sarete nostri ospiti per tutto il tempo che vorrete rimanere a Francoforte. Vi assicuro che è un vero piacere concludere affari con voi italiani.»

16

Dopo una veloce colazione a base di salmone e crostini di pane imburrati, preparata come di consueto dal *Corvo Bianco* e consumata nella saletta azzurra della Golden Rocks, Alain Duchamp era uscito senza soprabito e senza specificare dove si stesse recando, incurante dell'insistente pioggerella che si sarebbe annidata sulla morbida lana dell'abito in vicuna da dodici micron.

«A dopo signora Hoffman» si limitò a dire alla sua efficiente segretaria. Tedesca di nascita ma francese di adozione, la Hoffman lavorava per lui da più di trent'anni. Non si era mai sposata e parlava cinque lingue. Il suo stipendio faraonico era quasi interamente a beneficio degli unici due nipoti, un maschio e una femmina figli di sua sorella gemella. Sposata con un bevitore incallito, più di una volta era stata picchiata, sino al giorno in cui aveva deciso che *quella* sarebbe stata l'ultima. Il mattino seguente, mentre l'uomo attraversava in bicicletta il cavalcavia che dal centralring lo conduceva agli impianti Cramp di Monaco di Baviera - dove lavorava alla divisione marketing - lei aveva premuto sull'acceleratore del potente fuoristrada. La bicicletta si era spiaccicata contro la balaustra mentre l'uomo, sbalzato dal sellino, era volato undici metri più in basso sui binari della Hostbanhof. L'autopsia su quel che restava del corpo dilaniato non riuscì a chiarire se la morte fosse sopraggiunta per il terribile schianto sui binari o per lo schiacciamento provocato dal locomotore del rapido in arrivo da Colonia. Il processo che ne era seguito aveva destato grande interesse in tutto il paese. La Hoffman, sostenuta dall'appoggio incondizionato di numerose organizzazioni femministe per l'emancipazione delle donne, era stata condannata alla pena detentiva di sedici anni, ottenuta – si leggerà nelle motivazioni della sentenza – in ragione della condizione di profonda prostrazione in cui viveva sin dal viaggio di nozze, avvenuto dodici anni prima. In quella occasione, era stata violentemente percossa durante la cena di gala che si stava svolgendo sulla nave da crociera che da Istanbul conduceva i novelli sposi verso Alessandria d'Egitto per avere semplicemente dato indicazioni su dove si trovasse il casinò a un uomo di mezza età che le si era garbatamente avvicinato.

La signora Hoffman aveva seguito Alain Duchamp ai quattro angoli del mondo. Con lui aveva condiviso momenti esaltanti ma anche vicende molto tristi, come quando il secondogenito Christophe decise di farla finita.

Per Duchamp, probabilmente, si sarebbe anche gettata nel fuoco.

«A dopo presidente» rispose con un impercettibile sorriso. Nonostante un rapporto di lavoro di così lunga durata, i due non avevano mai pensato di darsi del tu.

La filiale Golden Rocks, sul lato ovest della Willy Brandt Platz, era situata esattamente di fronte all'Eurotower, sede della Banca Centrale Europea.

Alain Duchamp percorse i pochi passi che separavano i due edifici pensando alla facilità con cui era riuscito a chiudere la partita del fondo Pianeta. L'Italia si stava rivelando un territorio di caccia più ricco di quanto avesse potuto lontanamente immaginare solo pochi anni prima. La conquista degli immobili dei ricchissimi fondi pensione si stava dimostrando più semplice del previsto, quasi al pari di quella delle telecomunicazioni; un affare che aveva consentito di mettere via più di quaranta miliardi di sterline. Le clamorose proteste seguite all'ingegnoso saccheggio di un'azienda di Stato erano sfociate in un nulla di fatto. Nessun magistrato infatti si era azzardato ad aprire un'inchiesta che avrebbe potuto condurre molto in alto. Troppo in alto e troppo rischioso forse, anche per il giudice più indipendente. Affarismo, corruzione e spartizione erano il vero collante che teneva in piedi un sistema che in qualunque altra nazione sarebbe esploso in rivolta. Ma gli italiani, le rivolte di popolo, le avevano sempre trovate così terribilmente borghesi.

«Accomodati Alain, prego» disse Jean Paul Fruchit non appena il capo della Golden Rocks si affacciò all'elegante studio angolare situato al diciottesimo piano.

«Allora amico mio, si può sapere che ti succede? Cos'è tutta questa urgenza di vedermi?» domandò Duchamp, visibilmente infastidito da quella richiesta importuna.

«Qualcosa non sta funzionando come doveva. Mi avevi assicurato che la squadra che avevate messo in piedi era la più affidabile e che tutto sarebbe filato liscio, senza alcun intoppo!»

«È così infatti, li ho scelti io personalmente, sono i migliori.»

«Vuol dire che stai iniziando a perdere colpi: Vincent Chiaromonte si è messo di traverso.»

«Continua» disse Alain Duchamp, contraendo la mascella in una smorfia nervosa.

«Ha avvicinato il consigliere Cuomo; lo ha chiamato al telefono chiedendogli un appuntamento, ma doveva sembrare un incontro casuale in un caffè della zona. Come concordato, si sono visti ieri pomeriggio e gli ha chiesto se avesse già preso una decisione per l'affare Golden Rocks. Cuomo gli ha risposto che non sapeva di cosa stesse parlando. "Dei cento milioni dell'operazione Tower Bridge" ha detto Chiaromonte. Sembrava fuori della grazia di dio, sosteneva che l'operazione stava saltando e che lui si sarebbe potuto salvare se avesse agito in fretta. In quello stesso momento, altri consiglieri erano già pronti alla resa. Gli ha chiesto di convocare una conferenza stampa per svelare il tentativo di corruzione da parte di una pericolosa organizzazione pronta a sferrare un attacco senza precedenti all'euro con cui destabilizzare il sistema finanziario mondiale attraverso il rialzo dei tassi.

«Cuomo gli ha risposto che aveva bisogno di tempo per riuscire a organizzare il tutto in maniera convincente, rassicurandolo che stava dalla sua parte e che anche lui riteneva l'operazione una follia.

«Chiaromonte gli ha detto che poteva concedergli settantadue ore, non una di più. Cuomo ha accettato. "Se non si fa vivo lei tra settantadue ore verrà fuori la verità. Mi raccomando, non un minuto in più."

«Cuomo mi ha immediatamente informato; ho riunito il consiglio e abbiamo capito che Chiaromonte stava bluffando; nessun altro era stato avvicinato. Alain, sai bene che vi potremmo scaricare in un attimo accusandovi di voler destabilizzare l'economia mondiale.»

«Jean Paul, che diavolo stai dicendo! Forse sono io che ho sottovalutato Chiaromonte. È diventato un elemento pericoloso, ma la Tower Bridge non si tocca. Sistemeremo la cosa, rassicura i tuoi che è tutto sotto controllo e nulla potrà cambiare le decisioni già prese, neanche qualche piccolo inconveniente. A Chiaromonte ci penseremo noi; è un ragazzo giovane, probabilmente non si è ancora reso conto di quanto sia invischiato nella faccenda. Non può di certo mettersi a fare tante storie dopo tutti i soldi che gli abbiamo dato. Se qualcuno fosse nuovamente avvicinato non sbilanciatevi e limitatevi a guadagnare tempo, abbiamo più di quarantotto ore. Lo indurremo a riflettere, sono sicuro che si calmerà e riprenderà a collaborare a pieno.»

«Lo spero per te Alain, abbiamo un'onorabile carriera da difendere.»

«Stai tranquillo, state tranquilli tutti, non avete nulla da temere.» "Pezzo di stronzo" pensò Alain Duchamp guardando negli occhi Jean Paul Fruchit prima di andare via.

17

«Pronto?»

«Giorgio, sono io.»

«Vincent, come stai? Dalla voce non mi sembra che te la passi bene.»

«Hai ragione; Peter Duncan è stato trovato morto al Parisienne hotel, si è sparato in bocca. È successo due mesi fa, ma io l'ho saputo solo stamattina.»

«Mi dispiace.»

«Lascia perdere, non è questo il peggiore dei problemi. Ti ricordi cosa ti ho detto qualche tempo fa a cena a Francoforte?»

«A cosa ti riferisci?»

«Che non era ancora arrivato il momento di confidarti le mie intuizioni.»

«Sì... Cuba.»

«C'è qualcuno che mi sta pedinando, credo di essere in trappola.»

«Ma che stai dicendo? Di che trappola stai parlando?»

«Credo di avere perso la testa, ma non riesco più a vivere così; mi sento compresso, potrei esplodere da un momento all'altro.»

«Vincent, cerca di stare calmo e fammi capire che diavolo sta succedendo.»

«Mi ha telefonato Duan Yue.»

«Duan Yue?»

«Sì, un ex compagno di università. Abbiamo passato anni a elaborare funzioni matematiche.»

«Uhm...»

«Ci siamo sempre tenuti in contatto; ci confrontavamo sui possibili sviluppi di alcune ipotesi econometriche. Cinque anni fa, Duan decise di adottare la copula gaussiana per determinare il valore dei *credit default swap*; provai a dissuaderlo. Prevedere il rischio di un business basandosi sui dati storici la ritenevo una follia, un gioco d'azzardo. Non mi ascoltò e dopo un mese la propose alla J.C. Logan. Fu amore a prima vista: disegnare il futuro con una banale formula matematica.»

«Vincent, io non sono un matematico ma sono certo che la copula gaussiana è stata adottata da tutte le banche attive sul mercato dei CDS.»

«È vero, la J.C. Logan è stata la prima, le altre l'hanno seguita a ruota, ma non è questo il problema. La copula è già di suo un azzardo, se poi si stressa lo scenario in base al quale viene determinata, per esempio con l'introduzione di variabili soggette a oscillazioni improvvise e violente, finisce per diventare inefficace, nella migliore delle ipotesi.»

«E nella peggiore?»

«Si trasforma in una roulette russa. Il rialzo dei tassi sarà il detonatore che farà esplodere il mercato, la catastrofe!»

«Duan, che voleva da te?»

«Mi ha telefonato per salutarmi. Aveva un tono inconsueto. Mi ha detto che qualcuno era andato a trovarlo facendo strane domande sui nostri rapporti professionali, se ci sentissimo con regolarità o se avessimo progetti in comune.»

«Qualcuno chi? Non ti ha detto chi era?»

«No, ma dal tono ho capito che non poteva parlare liberamente. Poi, come se chiacchierassimo del più e del meno, ha detto che quella sera al rientro dal lavoro ha trovato la casa a soqquadro. Avevano rubato i due computer e le chiavette USB su cui aveva archiviato quasi tutto il lavoro degli ultimi anni. Duan aveva l'abitudine di salvare i file anche in posta elettronica, ma la sua casella era stata cancellata definitivamente. Il gestore del server lo ha informato che doveva essersi trattato del passatempo di un hacker. È ovvio che c'è dell'altro.»

«Potrebbe essere una coincidenza.»

«Ascoltami Giorgio, non è una coincidenza. Le coincidenze non esistono. La verità è che mi vogliono incastrare. Quel figlio di puttana del presidente mi ha messo in squadra per controllarmi; la Tower Bridge è un'operazione politica a cui non posso dare nessun contributo pratico. Dovevo farne parte per essere ricattabile, deve aver pensato.»

«Anch'io sono rimasto sorpreso quando ho saputo che eri della partita, ma non ho immaginato che ti volessero fregare.»

«Sai bene che la sicurezza ci monitora.»

«Misure antispionaggio.»

«Ho tentato di sabotarla.»

«Sei diventato matto?»

«Ascoltami, a questi non frega un cazzo neanche se scoppia una guerra. Sono degli esaltati che giocano con la vita della gente mettendo a rischio la stabilità economica di intere nazioni. Sarebbero disposti a portare a termine il lavoro a qualsiasi costo.»

«Quello che dici può essere vero.»

«Può essere vero? non hai altro da aggiungere? ma è possibile che facciate tutti finta di niente? È possibile che sia io l'unico idiota che tenti di fermare questo branco di pazzi?»

«Cerca di calmarti. Vuoi spiegarmi in che modo hai provato a sabotare l'operazione?»

«Nel modo più normale, o almeno in quello che pensavo sarebbe stato il più normale, ma mi sbagliavo. Ho contattato Cuomo, ho provato a farlo ragionare, gli ho domandato se si stesse rendendo conto della gravità di quella azione. All'inizio mi ha risposto che in fondo non sarebbe male quel compromesso. Che un livello di tassi troppo bassi può indurre gli operatori ad accrescere la propensione al rischio che a sua volta può determinare un aumento delle quotazioni delle attività finanziarie, generando bolle speculative. Lo capisci? Hanno già elaborato la loro strategia difensiva nel caso in cui qualcuno dovesse scoprirne il coinvolgimento. Direbbero che il rialzo dei tassi era una scelta obbligata per garantire maggiore equilibrio e scongiurare bolle speculative. A quel punto l'ho minacciato, gli ho detto che l'operazione stava saltando e lui si sarebbe potuto salvare convocando una conferenza stampa per denunciare il complotto. Mi ha detto che avevo ragione, che era preferibile fermare l'operazione.»

«Vincent tu sei fuori di testa, credi che dopo avere intascato almeno la prima metà dei cento milioni avrebbe potuto convocare i giornalisti dicendo che qualcuno li stava costringendo ad alzare i tassi? Ma hai capito per chi lavori? Ti sei comportato da idiota!»

«Lo so, hai ragione. Cuomo ha fatto finta di appoggiarmi, poi si è consultato con gli altri consiglieri che devono avere contattato Gustav o il presidente. Due ore fa mi ha convocato.»

«Com'è andata?»

«Era insieme a Gustav che non ha fiatato. Mi ha domandato cosa mi stesse spingendo a comportarmi in quel modo dopo tanti anni in Golden Rocks. Mi ha parlato della carriera, di opportunità di crescita illimitate, di lavorare per il governo di un grande paese e cazzate del genere.»

«E tu?»

«Gli ho detto che in America milioni di persone erano già nella merda e tante altre ci sarebbero finite molto presto anche in Europa, che solo dei figli di puttana si comporterebbero come noi, che era un fottuto bastardo e sapeva dove poteva ficcarsi le opportunità di carriera. Lui mi ha risposto: "Stai commettendo un grave errore Vincent, nessuno ha mai lasciato la Golden Rocks in questo modo e tu ne sei dentro mani e piedi, non lo dimenticare mai!"

«Ma che ti è saltato in mente?»

«Mi sento un vigliacco.»

«Tu non c'entri niente, lo capisci che i derivati sono stati manipolati?»

«Non ha importanza, la gente rischia di trovarsi nella merda sino al collo e tu mi dici che non è colpa mia? È anche colpa mia e tua! Io non sono una carogna e me ne sbatto della Golden Rocks e del tuo fottuto presidente. La mattina mi guardo allo specchio e mi domando cosa ho fatto della mia vita. Niente, o almeno niente di buono; non mi riconosco più, un povero idiota con tanti soldi ma senza un briciolo di coscienza, ecco cosa sono diventato. E anche tu amico mio, dove ti sei cacciato? Vedo solo un portafoglio gonfio in una tasca di stoffa elegante, ma chi sei davvero? Scusami, non ce l'ho con te. Ti sto mandando delle carte, vorrei che le conservassi se mi succedesse qualcosa. Non farne parola con nessuno e custodiscile dove nessuno le possa trovare. Credo che la mail sia controllata, ti spedirò tutto per posta. Andrò via qualche giorno, ho bisogno di stare un po' da solo e di pensare al da farsi. Non ho detto niente neanche a Kate, non voglio farla preoccupare. Mi faccio vivo io, tu fai il bravo, ti abbraccio.»

18

«Si fanno sempre più tesi i rapporti diplomatici tra gli Stati Uniti e il Venezuela. Dopo avere aspramente criticato la scelta dell'amministrazione americana di non usare i cereali per nutrire i poveri del mondo ma di impiegarli per produrre il combustibile etanolo destinato alle automobili, il Presidente venezuelano Hugo Chavez - seguendo di poche ore la decisione del suo omologo boliviano Evo Morales, che ha espulso l'ambasciatore americano a La Paz Philip Goldberg - ha concesso settantadue ore all'ambasciatore statunitense a Caracas, Patrick Duddy, per lasciare il paese. Chavez inoltre ha ordinato il ritiro immediato da Washington dell'ambasciatore Bernardo Alvarez.

«La ragione dell'improvvisa escalation della tensione nell'area centroamericana sembrerebbe legata ai rapporti tra l'amministrazione statunitense e le minoranze autonomiste di Bolivia e Venezuela; agli Stati Uniti si addebitano gli striscianti tentativi di sostenere le opposizioni interne attraverso ingenti versamenti di denaro a favore di organizzazioni culturali radicate nelle province autonomiste. Una ingerenza che il governo democraticamente eletto del Venezuela non sembra gradire.

«Ad aggravare la situazione nell'area ha contribuito l'arrivo all'aeroporto di Caracas di due bombardieri strategici russi della serie TU-160. Russia e Venezuela hanno annunciato l'imminente avvio di esercitazioni navali congiunte nel Mar dei Caraibi. La risposta russa al desiderio americano di piazzare proprio al confine con la Polonia un insidioso quanto destabilizzante scudo spaziale non poteva dimostrarsi più repentina ed efficace.

«Dopo un ventennio di sostanziale perdita di peso sullo scacchiere politico internazionale, sembrerebbe che la Russia abbia deciso di tornare alla ribalta ripartendo da quello specchio d'acqua che la vide protagonista nel lontano '62 con la crisi dei missili di Cuba.

«Attestati di solidarietà a Bolivia e Venezuela sono giunti da Cuba ma anche dal Presidente brasiliano Lula Ignazio da Silva e dall'argentina Cristina Fernandez. Lula, in particolare, ha precisato che il Brasile non tollererà azioni che possano mettere in pericolo l'ordine democratico in centroamerica.

«Tutto lascia pensare che sia in atto una prova di forza in quello che un tempo era considerato il cortile di casa di Washington. Per la pagina politica è tutto, la linea va alla nostra corrispondente Valerie Dubois per le ultime notizie dai mercati finanziari internazionali.»

«Grazie Jasmine e ben ritrovati ai nostri telespettatori. Grande tonicità oggi alla borsa di New York, dove i titoli petroliferi hanno contagiato l'intero mercato azionario. Vediamo il dettaglio delle società più performanti della seduta. Sukoil più 8,5 per cento, Petrol Plus più 6,9 per cento, Movil più 9,4 per cento, Jadroil ha guadagnato il 25 per cento dopo essere stata sospesa più volte dalle contrattazioni per eccesso di rialzo.

«A Londra il *future* sul Brent del Mare del Nord ha fatto segnare un nuovo record a novanta dollari al barile, più tre rispetto al riferimento di ieri, mentre a New York il West Texas Intermediate si spinge poco sopra gli 87 dollari.

«Le forti tensioni sulle materie prime rischiano di infiammare l'intera filiera provocando un rialzo generalizzato dei prezzi. È di pochi minuti fa la notizia secondo cui il consiglio direttivo della Banca Centrale Europea, riunito a Francoforte, starebbe dando il via libera a un ulteriore aumento del tasso di riferimento dell'euro. L'ufficio studi di West Bank ipotizza un rialzo non inferiore a settantacinque punti base, cosa che i mercati interbancari sembrano ormai dare per scontata. Chiederei alla regia di far partire l'intervista registrata questa mattina con Tom Crawford, direttore del dipartimento di economia dell'Università di Springfield, a margine del convegno organizzato all'Hotel Waterworld di Boston dalla Universal Bank Foundation dal titolo *Le energie alternative nel ventunesimo secolo.*»

«Professor Crawford, l'aumento del prezzo del petrolio da qualche mese sembra inarrestabile, ci può spiegare cosa sta accadendo sui mercati finanziari internazionali e qual è la ragione della repentina impennata del greggio?»

«Per prima cosa è utile chiarire che l'aumento del prezzo del petrolio può dipendere da numerosi fattori; laddove questi fattori agissero simultaneamente darebbero luogo a processi inflattivi improvvisi, a volte molto violenti. Ed è proprio ciò che si sta verificando in questo particolare momento storico.»

«Quali ritiene siano i motivi di maggiore preoccupazione?»

«Direi che la tumultuosa crescita economica di paesi ritenuti marginali sino a pochi anni fa rappresenti un primo motivo di tensione. Non bisogna poi dimenticare che una quota sempre più rilevante della popolazione mondiale da alcuni anni ha avviato un rapido trasferimento dalle campagne verso le grandi città con la speranza di migliorare la propria qualità di vita. Si tratta - com'è facile immaginare - di soggetti che aspirano a raggiungere significativi livelli di consumo in tempi rapidi.»

«Professor Crawford, lei sostiene che diversamente da quanto accade per tutti i beni largamente disponibili e a produzione elastica, il cui prezzo tende a ridursi con l'aumento della domanda, il petrolio si comporta in maniera esattamente opposta?»

«Assolutamente sì. Peraltro non sappiamo con esattezza per quanti altri anni disporremo di petrolio, c'è chi sostiene che potrebbe esaurirsi entro i prossimi trenta, chi pensa che si possa arrivare anche a cinquanta. Si tratta di stime molto approssimative che non aiutano a calmierare le quotazioni del greggio. Ai paesi industrializzati suggerisco di tenere alto il livello delle scorte in quanto il futuro è sempre più incerto. Vi è poi un secondo fronte che rischia di creare problemi sempre maggiori.»

«A cosa fa riferimento?»

«Sto pensando agli sconvolgimenti climatici del pianeta. A inverni sempre più freddi fanno seguito estati sempre più torride; riscaldare o raffreddare che sia comporta un significativo impiego di fonti energetiche. Si tratta di energia in quantità crescente quando il clima decide di fare i capricci.»

«Crede che le centrali nucleari di ultima generazione, le cosiddette 3+, potranno rappresentare una soluzione efficace?»

«Quando si parla di nucleare non riesco a non pensare al disastro di Cernobyl. I danni causati da quell'incidente sono ben impressi nella nostra memoria e buona parte della popolazione che viveva in prossimità della centrale porta ancora oggi, sulla propria pelle, i segni indelebili di quell'evento nefasto. È fin troppo evidente che il petrolio continuerà a essere una fonte insostituibile anche per gli anni a venire.»

«Professore, lei ha citato una catastrofe che qualcuno sostiene sia stata causata da un'azione di sabotaggio utile a rilanciare le quotazioni del petrolio in un momento di stanca, quale ritiene allora il giusto prezzo di un barile?»

«Non ho intenzione di cadere nel suo tranello e le dico che non credo alla tesi del complotto. Desidero comunque rispondere alla sua insidiosa domanda; l'attuale prezzo di novanta dollari al barile è ancora troppo basso, basti pensare che molti dei paesi in cui risiedono le più rilevanti scorte di petrolio vivono una situazione di grande instabilità sociale e politica. Penso al Venezuela, alla Libia o all'Iran, caratterizzati da forti tensioni politiche derivanti da comportamenti deplorevoli di governi inaffidabili. La situazione non migliora certamente se si guarda alla Russia, un paese in cui la democrazia è ancora troppo giovane, o alle province caucasiche salite alla ribalta per efferati fatti di cronaca. Mi auguro che la comunità internazionale più illuminata saprà favorire l'insediamento di governi credibili. Vi sono poi situazioni di vero e proprio conflitto armato, come in Nigeria, dove gruppi armati rivoluzionari mettono a repentaglio i già fragili equilibri interni creando una serie di problemi alle società petrolifere concessionarie, costrette a impiegare rilevanti risorse per la sicurezza degli impianti e dei lavoratori. Tutto ciò ha un costo che non può che ripercuotersi su quello finale. Ci sono infine territori come l'Iraq in cui solo di recente, attraverso un governo democraticamente eletto, si sta ricostruendo la pace e la speranza per un futuro più sereno. I pochi esempi che le ho rappresentato ci devono convincere che la situazione non è delle più favorevoli per attenuare le tensioni sul prezzo del petrolio. Per concludere, le dico che un barile a duecento-duecentoventi dollari non è un'utopia, tutt'altro, credo che possa essere considerato un livello di equilibrio. Prepariamoci a un'epoca in cui verrà dato il giusto valore a una risorsa scarsa.»

«Ringraziamo il Professor Crawford per le interessanti riflessioni su un tema di così grande attualità. Per il momento è tutto, a voi studio.»

«Allora, che ne pensi?»

«Non male, ottimo lavoro. Quanto ci è costato Tom Crawford?»

«Niente. Suo figlio è stato arrestato due anni fa in Thailandia. Traffico di droga. Lo hanno preso all'aeroporto di Bangkok mentre si imbarcava su un volo per Amsterdam con due chili di cocaina purissima nascosti nel doppio fondo di un trolley. La solita amichetta innamorata e disperata che gli aveva chiesto di consegnare una valigia piena di fotografie di famiglia a suo fratello, residente da anni ad

Amsterdam. Lui c'è cascato con tutte le scarpe. Da mesi tenevano sotto controllo la ragazza per un affare simile andato a buon fine un anno prima. Appena si è presentata l'occasione l'hanno beccata insieme al corriere inconsapevole. Abbiamo chiesto all'ex Segretario di Stato di intervenire personalmente con le autorità thailandesi. Rimane pur sempre un potente lobbista. La liberazione è stata un gioco da ragazzi, celebrata come il trionfo della giustizia.»

«Andiamo avanti così; ben fatto, un lavoro eccellente. Mi raccomando Gustav, costi quel che costi.»

«Stai tranquillo Alain, costi quel che costi.»

mercati archivio notizie blog   log in | cerca

Frankfurter Zeitung
FZ.net   17 giugno 2006
Home Politica Economia Cronaca Spettacoli Finanza

Cronaca » cronaca nera

Francoforte. Alle sei e trenta di questa mattina, due addetti del servizio di nettezza urbana hanno dato l'allarme alla locale centrale di polizia dopo avere trovato un corpo completamente carbonizzato sotto l'Hoffnung, il ponte che attraversando il fiume Main conduce verso il bosco di Rosenbach, una zona isolata a sud ovest di Francoforte, particolarmente frequentata da transessuali.

Secondo fonti investigative, l'uomo si sarebbe cosparso con un liquido infiammabile contenuto in una tanica rinvenuta poco distante dal corpo per poi darsi fuoco. Semi-immersa nelle acque del fiume è stata ripescata un'autovettura di grossa cilindrata, noleggiata alcuni giorni prima all'aeroporto internazionale Rhein-Main. Grazie ai documenti trovati a bordo dell'autovettura e alla scritta *Kate 27-4-2003* incisa nella parte interna della fede nuziale di quel che resta dell'anulare sinistro della vittima non ci sarebbero dubbi sull'identità del cadavere; si tratta di Vincent Chiaromonte un italo-inglese di trentatré anni residente a Londra, dirigente di una importante società di consulenza multinazionale.

Al momento, la polizia scientifica non esclude nessuna pista anche se quella del suicidio sembrerebbe la più consistente. Nell'autovettura infatti è stata ritrovata una lettera con cui Chiaromonte chiede scusa alla moglie Kate e alle persone che gli hanno voluto bene, confessando di non riuscire più a sostenere il peso di una vita fatta di menzogne e sotterfugi. Pare infatti che il matrimonio fosse in crisi da tempo, destinato a naufragare a causa delle tendenze omosessuali della vittima.

Alcuni abitanti della zona sono stati sentiti dagli inquirenti per cercare di fare luce sui movimenti dell'uomo nelle ore precedenti il decesso.

L'ingente quantità di denaro recuperata a bordo dell'autovettura, circa seimila euro, farebbe cadere il movente della rapina degenerata. Gli investigatori, che non hanno trovato tracce di colluttazione sulla scena del crimine, tendono ad escludere l'ipotesi dell'omicidio.

20

Roma, 19 giugno 2006
Piazzetta Fontanella Borghese
Sede italiana della Golden Rocks

«Signor De Stefano?»

«Sì sono io, accomodatevi» disse Giorgio De Stefano, dopo che la sua segretaria, preavvisata dalla guardiania, aveva accompagnato nel suo studio al secondo piano quei tre signori dagli inconfondibili lineamenti tedeschi.

«Clement Shilling, ispettore capo della polizia criminale. Il collega è Rudolf Steineimer della divisione sicurezza dello Stato. La signora Volk è la nostra interprete di Ambasciata.»

«Molto piacere signori, se mi aveste avvertito per tempo vi avrei evitato il viaggio, in serata andrò a Francoforte.»

«Non si preoccupi, nessun disturbo, è il nostro lavoro. Credo che lei immagini la ragione della nostra visita».

«Certo, ispettore.»

«Alcuni dei suoi colleghi che abbiamo interrogato a Francoforte ci hanno riferito che vi conoscevate molto bene, intendo dire che il vostro rapporto andava ben oltre l'attività lavorativa... mi perdoni signor De Stefano, se lo desidera la signora Volk è a disposizione per tradurre la nostra conversazione, anche se mi sembra che lei capisca molto bene il tedesco.»

«Grazie, conosco discretamente la sua lingua. Non so chi possa averle fornito questo genere di informazioni e né mi interessa saperlo, ma le assicuro che in una realtà come la nostra capita molto spesso di frequentare i colleghi anche oltre i canonici orari di lavoro. La nostra attività ha tempi molto dilatati, per cui è normale che possa proseguire nelle ore che dovrebbero essere riservate ad altro.»

«Non intendevo fare allusioni alla sua vita privata mettendola in relazione con quella di Vincent Chiaromonte.»

«Mi ascolti bene ispettore, so che potrei deluderla ma non credo a una sola parola di quanto è stato riportato dai giornali.»

«Il signor Chiaromonte non le aveva mai parlato delle sue attitudini?»

«Oltre a non avermi mai accennato nulla in merito a quelle che lei definisce attitudini, le ho già detto che la ricostruzione di quanto è presumibilmente accaduto appare del tutto fantasiosa e fuorviante.»

«Dai tabulati telefonici ci risulta che alcuni giorni prima del suicidio abbiate avuto due lunghe telefonate, ci può dire esattamente di cosa avete parlato?»

«Niente di particolare, ci siamo salutati, né lui mi ha fornito dettagli sui programmi serali o notturni, se è ciò che le interessa sapere. Io sono convinto che non si sia trattato di un suicidio, conoscevo troppo bene Vincent, non si sarebbe mai ucciso.»

«Come vi siete conosciuti?» domandò l'ispettore Clement Shilling.

«Circa quindici anni fa, durante una vacanza estiva alla fine della scuola. Avevamo diciotto anni, ci stavamo imbarcando su un traghetto che dal Belgio andava in Scozia, a Edimburgo. Siamo stati in fila per più di due ore, così che è stato naturale mettersi a chiacchierare. Abbiamo parlato per ore anche durante la traversata. Vincent mi aveva raccontato che era un trombettista, suonava da quando aveva sei anni. Si era dato un altro anno di tempo, se non fosse riuscito a sfondare si sarebbe iscritto alla facoltà di matematica di Londra, dove viveva.

«Quella mattina di agosto, quando siamo sbarcati a Edimburgo, ricordo che c'era una piacevole brezza e il cielo era leggermente rannuvolato. Ci siamo seduti a un caffè al delta del Leith; guardavamo i gabbiani lasciarsi trasportare dalle correnti ascensionali per poi scendere in picchiata a catturare i pesci; le barche veleggiavano tranquille sulle acque leggermente increspate, sembrava un dipinto, uno spettacolo unico.

«Dopo un paio d'ore, con i sacchi in spalla, abbiamo iniziato a camminare verso il centro della città. Vincent mi aveva detto che se volevo potevamo prendere una camera insieme per qualche giorno in modo da dividere le spese. Dalla settimana successiva lui si sarebbe trasferito in un ostello insieme alla sua band. Gli risposi che quella soluzione mi andava bene per tre giorni perché il giovedì successivo sarei andato a Belfast. Arrivammo a Waverly Station e chiedemmo informazioni per un alloggio economico. All'ufficio del turismo ci dissero che in quella zona ad agosto era impensabile spendere poco e che saremmo dovuti ritornare verso Leith. "Più bella, meno costosa e davvero scozzese. Se volete vi posso prenotare una mansarda vista mare sulle rive del Firth of Forth, viene 18 sterline a notte" ci disse la ragazza al banco.

«Casa modesta dalla impagabile vista sul Mare del Nord. L'atmosfera che si respirava in città mi piacque talmente tanto che rimasi a Edimburgo una settimana più del previsto. Vincent mi aveva invitato alla prima del suo spettacolo, *Hemingway all'Havana*. Lui era l'unico straniero in una strepitosa band di cubani.

«Conobbi la sua compagnia e vederli in scena fu un'esperienza indimenticabile. Musicisti, cantanti, ballerini e tutti così tremendamente bravi.

«C'era il Fringe e la città era stata invasa da migliaia di artisti provenienti da tutto il mondo, di ogni età che a tutte le ore, sino a notte inoltrata, recitavano in teatro o per strada. Molti erano lì per caso, per semplice divertimento o per pura incoscienza, ma tanti altri avevano la stessa passione e Vincent era tra questi. Vedevo giovani artisti arrossire quando il pubblico della strada si avvicinava chiedendogli un autografo, ragazzi emozionati quando qualcuno comprava il loro primo cd sistemato su banchetti instabili o per terra. Mi scusi ispettore, mi perdoni se mi sono lasciato andare a ricordi lontani.»

«Stia tranquillo signor De Stefano, non ha nulla di cui si deve scusare, comprendo il suo stato d'animo. Mi dica, dopo quell'incontro avete continuato a vedervi o a frequentarvi?»

«Dopo di allora ci siamo scritti solo qualche mail, di tanto in tanto. Gli auguri di Natale e sporadiche telefonate, soprattutto i primi tempi. Ma ogni volta che ci sentivamo era come se non ci fossimo mai lasciati, come se ci fossimo visti il giorno prima. Lui si iscrisse a Matematica, mi aveva detto che era meglio lasciare perdere la musica almeno per un po'. Non riusciva a dargli da vivere e la sua era una famiglia modesta che badava al sodo. Niente fronzoli.

«Ci siamo rivisti dopo sette anni, io ero in Golden Rocks da uno. L'ho incontrato a una riunione a Londra; era stato assunto da due mesi, fu una sorpresa incredibile.»

«Riprendeste a frequentarvi da allora?» chiese l'ispettore Shilling con un tono che pareva essersi fatto amichevole.

«Solo qualche volta. Quando ci incontravamo per lavoro capitava che la sera andassimo a cena insieme. Erano occasioni sporadiche, le nostre aree di competenza erano completamente diverse e poi ognuno aveva la sua vita in una città diversa. Io a Roma, lui tra Londra e Francoforte. Vincent si era sposato con Kate, una ragazza americana. Un avvocato, persona splendida.»

«Certo, abbiamo già conosciuto la signora Rosen, è molto provata. Le risulta che il signor Chiaromonte abbia continuato a frequentare cubani, musicisti o soggetti espatriati da Cuba?»

«Non ne ho idea, non me ne ha mai parlato.»

«Ci risulta che voi due abbiate cenato insieme qualche settimana fa, di cosa avete parlato durante quell'incontro?»

«Di cosa abbiamo parlato?» - *Ma che vuole sapere questo stronzo?* - «Di lavoro, come sempre. Ci scambiavamo opinioni, niente di importante.»

«Ci può spiegare di cosa si occupa?»

«Sono un consulente, come tutti quelli che immagino abbiate interrogato a Francoforte.»

«Può spiegarci con maggiore precisione di cosa si occupa all'interno della Golden Rocks?»

«Consulenza strategica.»

«Mi perdoni ma continuo a non capire, che genere di consulenza?»

«La Golden Rocks è una global company; comunicazioni, energia, finanza, biotecnologie. Offriamo servizi di advisory a società, governi o a chiunque abbia un interesse specifico».

«Vi occupate anche di difesa e armamenti, mi risulta.»

«Non è il mio settore di competenza, ma le sue informazioni sono corrette. Consigliamo società e governi in materia di sviluppo di strategie e sistemi difensivi. È tutto riportato sul nostro sito internet, nessun segreto, caro ispettore.»

«Cosa ci facevate qualche settimana fa a Francoforte lei e il signor Chiaromonte?»

«Eravamo lì per un incontro di lavoro, uno come tanti. Si tratta di riunioni periodiche alle quali partecipano i colleghi interessati alle questioni in oggetto.»

«Capisco. Non voglio trattenerla oltre, per il momento. Solo un'ultima domanda, conosceva la donna che era in compagnia del signor Chiaromonte al lounge del ristorante la sera del vostro ultimo incontro?»

«Una donna?»

«Sì, i camerieri ci hanno riferito che la sera che avete cenato assieme lui ha incontrato una donna molto attraente, i due parlavano inglese. La signora, in base a quanto ci è stato detto, aveva uno spiccato accento russo; la conosceva?»

«Non saprei, non ho la minima idea di chi possa trattarsi. Vincent non mi ha parlato di nessuna donna. Quando sono arrivato lui era da solo.»

«Ricorda di avere scambiato corrispondenza anche solo elettronica o documenti particolari sulla situazione politica di paesi ostili al governo degli Stati Uniti d'America?»

«No. La politica antiamericana non era argomento di conversazione, né di lavoro.»

«D'accordo, signor De Stefano. La ringrazio per il tempo che ci ha dedicato. Sono addolorato per il suo amico.»

«Grazie. Vi faccio accompagnare all'uscita.»

Giorgio De Stefano chiamò la segretaria dall'interfono. La signora Valeria sembrava non stesse aspettando altro. Dopo pochi istanti, aprì la porta dello studio e con un sorriso invitò i tedeschi a seguirla lungo il corridoio.

21

Francoforte, 19 giugno 2006
Garten Inn Hotel

«Kate, ho provato a telefonarti ma mi hanno detto che sei partita immediatamente; mi dispiace, è terribile.»

«Sono sconvolta. Non faccio altro che piangere, mi è crollato il mondo addosso.»

«Vincent era una persona speciale, unica. Anche se non ci vedevamo spesso c'era un legame sincero.»

«Lo so, quando parlava di te gli brillavano gli occhi. Dimmelo tu che gli è successo, tu sei uno dei pochi dei quali si fidava; sono vere quelle storie?»

«Non so che pensare, anch'io non riesco a crederci.»

«Si era confidato con te? Dimmelo.»

«Kate, oltre al lavoro le uniche cose di cui parlavamo erano la musica e quei suoi racconti che assomigliavano a un risiko. Anche l'ultima volta che ci siamo sentiti mi ha detto che c'erano importanti novità. Dove prendesse le sue informazioni è un mistero, ma la cosa più sorprendente è che le sue confidenze, per quanto incredibili, dopo un po' si trasformavano in immagini reali che spesso vedevo scorrere in televisione.»

«Che ti aveva detto l'ultima volta che vi siete visti?»

«Mi aveva parlato dei progetti in corso. Poi di politica. Tu lo conoscevi meglio di me, la politica era la sua passione, quasi un'ossessione. Mi ha raccontato dei processi al Tribunale dell'Aja, poi come spesso accadeva mi ha detto della situazione a Cuba.»

«Cosa esattamente?»

«Che non gli sembrava un organo di giustizia ma una commedia dell'arte. *Un cane nero,* era la sua definizione preferita; pronto ad azzannare al cenno del kapo'.»

«Non dell'Aja, che ti ha detto di Cuba?»

«Mi ha parlato del carcere di Guantanamo e delle difficoltà nelle quali si trova il governo americano per la gestione dei prigionieri.»

«Cosa intendeva?»

«Ha detto che ci sarebbe un piano che consentirebbe agli americani di riconquistare l'isola. Sembrava ben informato.»

«E poi?»

«Poi niente, abbiamo continuato a parlare di cose senza importanza.»

«Che idea ti sei fatto?»

«Non so che dirti, sono confuso. Non riesco a credere che si sia potuto ammazzare, mi sembra così assurdo. Tutto può essere, ciascuno di noi nel proprio intimo cela dei lati oscuri ma Vincent era pazzo di te.»

«Sono scioccata, mi sento svuotata e ho la sensazione di avere vissuto con un uomo che non conoscevo. Mi hanno detto che l'ultima sera che vi siete visti a cena era con una donna.»

«Sì, prima che ci incontrassimo. La polizia voleva sapere se la conoscessi, ma quando sono arrivato al ristorante Vincent era solo e non mi ha parlato di nessuna donna.»

«Poteva essere seduta a un tavolo vicino al vostro?»

«Certo che poteva ma non lo posso sapere, era pieno di gente e non ho badato a chi ci fosse intorno a noi; la polizia ha detto che era una trentenne con uno spiccato accento russo. Non ho idea di chi possa essere, credimi. Nessuna delle colleghe dell'ufficio di Mosca si trovava a Francoforte quella sera, mi dispiace, non so come poterti aiutare.»

«Sembra tutto così assurdo, come posso riuscire a farmene una ragione?»

«Anch'io non riesco a pensare a nulla di sensato. Quei due ispettori poi, uno faceva le domande mentre l'altro, della divisione sicurezza, ascoltava annoiato, come se l'argomento non lo riguardasse; una strana sensazione. Non capisco poi cosa possa c'entrare la morte di Vincent con la sicurezza della Germania.»

«Il vostro lavoro Giorgio, siete una lobby così potente da mettere a repentaglio la sicurezza di uno Stato e tu lo sai meglio di me!»

«È vero, è possibile, ma Vincent non lavorava a dossier compromettenti. A te aveva parlato di qualcosa che lo turbava?»

«Tra noi due c'era un accordo; il lavoro doveva rimanere fuori della porta di casa. Quel poco tempo che riuscivamo a stare insieme era solo per noi due e niente doveva disturbare la nostra intimità.»

«Che farai?»

«Non lo so; suo padre è in viaggio dall'Italia, la mamma è ricoverata in una clinica psichiatrica a Londra.»

«Non lo sapevo, mi dispiace.»

«Non è mai riuscita a superare la separazione dal marito e tre anni fa è crollata. Non si è più ripresa e da allora vive in uno stato vegetativo. Non sa niente di Vincent e dirglielo non avrebbe alcun senso, potrebbe solo peggiorarne la condizione.»

«Dove lo seppellirete?»

«A Londra. Una volta mi ha detto di essere stato folgorato dal fascino del cimitero di Colòn, ma come si fa…»

«Kate, vorrei poterti aiutare.»

«Grazie, ma ho solo voglia di restare da sola. Sei tanto caro, sono sicura che Vincent ci guarda e sente l'amicizia che provavi per lui.»

«Tieni, questo me lo ha spedito pochi giorni fa.»

Kate iniziò a sfogliare il fascicolo rapidamente e sembrava ne conoscesse già il contenuto. Leggeva con voracità, come salendo le rampe di una scala, saltando i gradini due o tre per volta. Voleva fare in fretta, preoccupata che qualcuno potesse sfilarle quel documento dalle mani. Passarono alcuni minuti, Giorgio la continuava a osservare. D'un tratto, leggermente pallida in volto, alzò lo sguardo verso di lui.

«È tutto così complicato...» gli disse prima di lasciare cadere il documento nel caminetto. La fiamma si ravvivò carbonizzando le pagine in pochi istanti. Kate strizzò le palpebre scuotendo leggermente la testa. Una impercettibile smorfia di dolore oscurò il suo viso.

«La vita non va sempre come ce la immaginiamo. Sono stanca» disse Kate, con un lampo di odio negli occhi.

«Addio Kate» rispose Giorgio, convincendosi che non si era trattato di un suicidio. Certe persone sono capaci di mentire guardando fisso negli occhi. Giorgio voleva andarsene. Chiudendo la porta di quella stanza, in quell'hotel così elegante, tutto gli sembrò maledettamente squallido.

22

«Credo che immaginiate il motivo per cui vi ho riuniti con urgenza. Uno dei nostri uomini migliori si è suicidato.

«Non conosciamo con esattezza la dinamica dell'accaduto né le ragioni che hanno spinto il nostro amato collega a compiere un gesto così estremo. Ciò che è successo a Vincent ci ha profondamente scosso, sarà una perdita che non riusciremo mai a colmare. Alla moglie Kate e alla famiglia abbiamo espresso cordoglio e partecipazione a nome del consiglio direttivo e di tutti i collaboratori della Golden Rocks. Si tratta di una vicenda triste, che mai come in questo caso deve rimanere privata. Voi tutti lo conoscevate, Vincent era un lavoratore infaticabile, sono sicuro che la migliore risposta che possiamo dare per cercare di colmare la sua mancanza e ricordarlo al meglio sia quella di lavorare con una dedizione e un impegno ancora maggiore.

«Una messa di suffragio sarà celebrata nella basilica di Saint Paul a Londra nel pomeriggio di sabato prossimo. Cari colleghi, la morte di Vincent, oltre che colpirci sul piano umano, ha destato vivo rincrescimento nella comunità finanziaria di Londra, ma è bene ricordare che non ha nulla a che vedere con l'attività professionale; riguarda solo la sua sfera privata e tale deve restare. Abbiamo diramato un comunicato stampa chiarendo l'assoluta estraneità del doloroso accaduto rispetto al lavoro svolto all'interno della Golden Rocks.

«In qualità di presidente del consiglio direttivo, mi sono impegnato con le autorità inquirenti a garantire la massima collaborazione affinché venga fatta piena luce sulla tragedia.

«Al fine di mantenere un serrato monitoraggio su eventuali novità investigative che dovessero emergere nei prossimi giorni, ho delegato il consigliere Gustav Etienne de Chatillon a coadiuvare attivamente le autorità di polizia. Gustav sarà l'unico collaboratore autorizzato a rilasciare dichiarazioni agli organi di stampa.

«Vi presento Duan Yue, un nostro nuovo collaboratore proveniente dall'università di Cambridge. Duan, che sarà di base a Londra, è il nuovo responsabile dell'unità di matematica applicata. Sovrintenderà l'ufficio studi della Golden Rocks.»

TERZA PARTE

23

Due anni dopo

Francoforte, 10 settembre 2008
Eurotower - Sede BCE

«I ragazzi sono terrorizzati e anch'io non sono affatto tranquillo. In tutta Europa soffia un vento che non mi piace, più di qualcuno sostiene a viso aperto che siamo noi i cattivi maestri che hanno massacrato l'economia.»

«Jean Paul, amico mio, devi rimanere tranquillo, è tutto sotto controllo. C'è una novità, invertiamo la rotta; l'operazione Tower Bridge è conclusa, chiudiamo sei mesi prima con un leggero anticipo su quanto stabilito.»

«Che cosa stai dicendo, invertiamo la rotta? Sei mesi prima, e noi come ne usciamo? Dopo avere strillato ai quattro venti che l'unico modo per combattere l'inflazione era quello di rialzare i tassi, adesso che diciamo? Che ci siamo sbagliati?»

«Nessun errore, guai a dire che vi siete sbagliati! Qui nessuno si è sbagliato. Ascoltami bene, avete fatto un lavoro straordinario dando il meglio di voi stessi, ognuno si è comportato magnificamente e il rialzo dei tassi è stato percepito come il solo modo per frenare la crescita dei prezzi. Economisti di prim'ordine hanno prodotto analisi sensazionali e teorie rivoluzionarie. Sono giunti alla conclusione unanime che stavate facendo la cosa giusta, ma adesso lo scenario è cambiato.»

«Lo so bene che è cambiato, c'è chi sostiene che la responsabilità è della nostra politica monetaria e tu sai meglio di me che è la verità! Alzando i tassi abbiamo messo le mani nelle tasche delle famiglie che non sono più state in grado di pagare le rate dei mutui che aumentavano ogni mese e i mutui si sono trasformati in *subprime* e le obbligazioni *subprime* sono diventate spazzatura e i CDO carta straccia! Abbiamo strozzato l'economia e annientato la domanda, il sistema finanziario mondiale rischia di esplodere e tu mi dici di stare tranquillo? Santo cielo Alain, come si fa a rimanere tranquilli!»

«Smettila di agitarti, so bene a chi ti riferisci. Stiamo già lavorando per renderlo inoffensivo, lui e i suoi tirapiedi; ci riusciremo, a costo di far cadere il governo e metterci uno dei nostri. C'è gente che non ci ha ancora ringraziato abbastanza per l'aiuto che gli abbiamo dato con le privatizzazioni, ma prima o poi i conti si pagano e questo può essere il momento giusto per passare all'incasso.

«L'importante è non lasciarsi prendere dal panico. Ti accorgerai che tra qualche mese sarà tutto dimenticato, comprese le critiche al vostro operato. Vedi Jean Paul, il problema è che qualcuno - anche al nostro interno - si è fatto prendere un po' troppo la mano. Devo confessarti che dei peccati veniali li abbiamo commessi tutti ma credimi, non potevamo immaginare che le banche ci avrebbero preso tanto gusto a emettere quei titoli, scambiandoseli come se stessero giocando al monopoli. Fatti due conti, abbiamo verificato che il valore dei derivati smerciati è stato dieci volte superiore alla ricchezza prodotta nell'intero pianeta, mi segui? Dieci volte! A un certo punto nessuno più sapeva cosa ci fosse a garanzia di questa o quella obbligazione e i patrimoni di molte banche sono andati in fumo.»

«Alain, il problema è che nessuno ha ancora capito che le banche non devono pensare al profitto ma solo garantire e agevolare i flussi monetari necessari allo sviluppo dell'economia reale; poi i banchieri sono scomparsi, al loro posto ci sono manager famelici che usano le banche per portare avanti traffici personali e che hanno un solo obiettivo: fare soldi! E hanno capito che i soldi grossi si fanno con le operazioni straordinarie, con la finanza di sciacallaggio. Si sono venduti gli immobili, la gestione dei patrimoni e del debito pubblico, e man mano si stanno vendendo ogni pezzo, lo capisci? Tra qualche anno non rimarrà più niente, neanche le scrivanie, e loro avranno arraffato miliardi» disse Jean Paul Fruchit rassegnato.

«Penso che tu abbia ragione, ma non è il momento di fare filosofia, non nella tua posizione! E comunque le tue critiche non le posso accettare, sai bene che la maggior parte dei banchieri sono uomini Golden Rocks. Forse è già troppo tardi ma non ha importanza, dobbiamo fermarci immediatamente!»

«Ti dico che è inutile, le nostre analisi confermano che l'economia è in piena recessione e non so per quanto tempo ancora riusciremo a mantenerle riservate. Rischiano di fare il giro del mondo da un momento all'altro. Le conseguenze potrebbero essere catastrofiche.»

«Hai ragione ma non è un nostro problema. Noi dobbiamo soltanto pensare a come uscirne con la massima eleganza. Non vorrai mica rischiare di non essere più invitato a Davos o al Bilderberg? La bella gente, il golf, le feste...»

«Non scherzare Alain, il mio unico obiettivo è di non marcire dietro le sbarre di una lurida galera per il resto dei miei giorni. Se venisse fuori l'operazione Tower Bridge...»

«Andiamo Jean Paul, non finirai in nessuna prigione, ma se dovesse accadere ti prometto che ti farò arrivare arance fresche tutti i giorni direttamente dalla Sicilia. Vedi, abbiamo creato un sistema che definirei di cointeressenza per cui nessuno può volere che le cose vadano per il verso storto. Ma di questi particolari non dovremmo neanche parlarne. Stammi a sentire, non ci aspettavamo un disastro di queste proporzioni, il rialzo dei tassi ha mandato a gambe all'aria l'economia mondiale. Tra qualche mese gli effetti si manifesteranno in maniera feroce; sto parlando della possibilità che possano fallire alcune delle più importanti banche del mondo, il loro patrimonio potrebbe non esistere più! Polverizzato. Sarà un bagno di sangue, i segnali del collasso della domanda sono evidenti e non possiamo più nasconderli. Quando arriverà la prima ondata sarà peggio di uno tsunami, ma noi dobbiamo uscire allo scoperto mantenendo un profilo alto.»

«Lo chiami profilo alto? sino a ieri sera abbiamo dichiarato che l'inflazione incalza e saremo costretti ad alzare ancora i tassi, che anche nei decenni a venire l'economia continuerà a correre come un treno e adesso mi dici di fare dietro front? Se qualcuno, disgraziatamente, andasse a spulciare i giornali e rileggesse le dichiarazioni che tutti i consiglieri hanno rilasciato negli ultimi anni per pompare quegli stramaledetti tassi, me lo dici che fine facciamo?»

«Jean Paul, di chi hai paura, dimmi, di chi hai paura? degli economisti? dei politici? dei giornalisti? Hanno un fottuto timore reverenziale quando parlano dei banchieri, diventano dei poveri cagamutande! Non preoccuparti, è tutto sotto controllo. La situazione sarà talmente complicata che nessuno capirà più niente, anzi, stiamo lavorando per renderla ancora più ingarbugliata facendo in modo tale che sarete ancora una volta voi gli illuminati; porterete le navi fuori dalla tempesta. Vi faremo assegnare la vigilanza del sistema bancario europeo, sarà un colpo vincente e avrete un potere straordinario. Nessuna scelta difensiva, sai bene che la migliore difesa è l'attacco e noi attaccheremo.»

«Ti vuoi prendere gioco di me?» rispose Jean Paul Fruchit, percependo quelle parole come una provocazione di cattivo gusto.

«Ti prego Jean Paul, cerca di controllarti! Sei una brava persona e io ti ho sempre appoggiato, ma questo è il mio lavoro e se farai come ti dico io ne uscirai a testa alta. Tra quindici giorni alla prossima riunione del direttivo, in ragione del venir meno delle esigenze legate alle pressioni inflazionistiche, inizierete a tagliare il costo del denaro. Saranno colpi di accetta ben assestati. In sei mesi dovrete arrivare all'uno per cento.»

«Uno per cento? Alain! Ti rendi conto cosa mi stai chiedendo? Vuoi che perda la faccia?»

«Jean Paul, non te lo sto chiedendo, ti sto semplicemente dicendo ciò che dovrai fare. Così come ti dico che d'ora in poi saranno bandite quelle interminabili interviste che la vostra stupida vanità ha incoraggiato. Nessuna intervista a viso aperto; se i giornali vorranno sapere come la pensate dovranno sottoporvi preventivamente le domande e voi dovrete glissare su quelle troppo impegnative o compromettenti. Per fortuna, giornalisti con una dignitosa conoscenza dell'economia e della finanza, e in grado di porre domande insidiose sono come le mosche bianche. Gli altri sono degli innocui barboncini. Vi limiterete a rilasciare dichiarazioni sintetiche ed efficaci. In questo momento, meno si dice meglio è per tutti. Vi comporterete come se tutto fosse sotto controllo; come se lo fosse sempre stato.

«Non bisogna mai ammettere di avere sbagliato qualcosa; se è il caso negare, sempre. In questa partita non sarete soli, te lo assicuro; se non dovesse filare tutto liscio nella merda ci finiranno le società di rating, che pur di incassare le loro commissioni hanno assegnato la tripla corona a chiunque fosse disposto a pagarle; le banche che hanno venduto a quei poveracci dei loro clienti le porcherie più immonde, ma soprattutto tanti economisti da riempire il centrale del Roland Garros. Ognuno ha avuto il proprio tornaconto e nessuno dovrà mai dimenticare!

«Di concerto con le massime autorità finanziarie, Fondo Monetario Internazionale, Banca Mondiale e via discorrendo farete presente che la situazione è drammatica ma che sono allo studio gli interventi più idonei alla salvaguardia del sistema economico. Che ci attendono tempi duri, che dovremo affrontare grandi sacrifici e stronzate del genere. È molto probabile che qualche banca verrà lasciata fallire, ci sono vecchi rancori che non si dimenticano; sarà una notte dei lunghi coltelli.

«Per voi non ci saranno problemi, d'altronde il denaro è l'unica cosa che conti in questo schifo di mondo e senza le banche non potremmo farlo girare a piacimento. Stiamo già studiando che cosa fare di tutta la spazzatura che hanno in pancia. Pensavamo a un intervento massiccio dei governi per distribuire un po' di soldi che potrebbero diventare tanti se tutti faranno bene la propria parte. Come al solito. Una di quelle operazioni straordinarie che entro qualche anno possa transitare sui bilanci pubblici per poi essere definitivamente archiviata nel mare magnum. Una fiammata inflazionistica e bruciamo tutto! Amico mio, prepariamoci alla tempesta e mi raccomando, nervi saldi» disse Alain Duchamp con aria trionfale.

«Non sono affatto tranquillo e non lo sono neanche i consiglieri. Sai bene quanto si sono prodigati per far salire i tassi. Si sono dati anima e corpo alla vostra causa, non mi sembra che si possa rimanere indifferenti.»

«Cosa devono ascoltare le mie orecchie... la vostra causa... Jean Paul, non chiamarla mai più la vostra causa, è stata la causa di tutti quanti noi, è stata la causa che vi ha fatto intascare seicentocinquanta milioni di euro e tu ne hai presi centocinquanta, non lo dimenticare mai! Potrei anche perdere la pazienza...»

«Scusami, non mi fraintendere, non volevo insinuare ma ho i nervi a fior di pelle. Non credevo che saremmo potuti arrivare a tanto. Tutte quelle stronzate sulle materie prime, la visione bullish sul petrolio, i report con dati di massima allerta per il pericolo di un'offerta mondiale insufficiente» disse Jean Paul Fruchit, paonazzo in volto.

«Hai ragione ma era tutta una finzione, tra vent'anni il petrolio varrà meno dei bulbi di tulipano. Jean Paul, amico mio, sveglia! Era un'illusione e come tutte le illusioni anche questa è scomparsa, svanita nel nulla, pafff, come una bolla di sapone. Ai nostri clienti stiamo consigliando di scaricare i long e di shortare a man bassa: puntiamo al ribasso! Obiettivo a sei mesi, ottanta dollari; dai centocinquanta di oggi puoi essere certo che metteremo da parte un bel gruzzolo. Lascia stare il petrolio per il momento, forget it, laisse tomber, siamo saliti sul prossimo treno che sta già prendendo velocità e puoi scommettere che tra qualche mese fischierà, eccome se fischierà. Nel caso decidessi di puntare qualcuno dei milioni che ti abbiamo regalato ricorda le parole magiche: energia pulita, sole, vento...» disse Alain Duchamp con un candido sorriso.

«Pensi che ce la faremo?» domandò Jean Paul Fruchit.

«Amico mio non lo penso, ne ho la certezza. Ti sei mai domandato perché se un qualunque imprenditore commette una frode lo sbattono dritto in galera e se quella stessa frode o una cento volte peggiore la commette un banchiere non gli succede niente? Ti sei mai chiesto perché puoi far fallire la tua banca o causarle danni per miliardi e dopo qualche mese essere nominato a capo di una istituzione finanziaria strategica per il mondo intero? O persino diventare un rispettabilissimo Capo di Stato? Sai bene di chi sto parlando, te lo sei mai domandato? Adesso pensa a Bernard King, al povero Bernie, a 63 anni suonati gli hanno confiscato i guadagni di una vita e lo hanno sbattuto in una lurida galera dove marcirà per venticinque anni. E sai quanto è stato il danno che ha causato? Undici miliardi di dollari, miserabili undici miliardi. E non se li è mica intascati lui, no, sono andati semplicemente in fumo per investimenti sbagliati. E Conrad White? Vogliamo parlare di Conrad? Sei anni e mezzo di prigione per aver usato otto pidocchiosi milioni di dollari. Feste, ristoranti, vestiti e vacanze. Ma dico io, testone, piuttosto che usare la carta di credito aziendale non potevi aumentarti lo stipendio non di otto ma di ottanta milioni di dollari? I banchieri sono più pericolosi dei delinquenti comuni, è vero, ma vuoi sapere perché non finiscono mai dietro le sbarre? Perché non sono degli sprovveduti, è scritto nel loro codice genetico. Vuoi guadagnare cento milioni l'anno? Nessun problema, l'importante è che tutto sia concordato, trasparente, approvato. Non ha importanza come riesci a far guadagnare soldi alla tua banca, puoi anche mettere le mani in tasca ai clienti e derubarli senza pietà vendendogli le porcherie più immonde, derivati, polizze, certificates, ma ciò che conta è che i tuoi guadagni siano sempre cristallini come acqua di fonte. Quando te ne andrai o ti cacceranno via, riceverai una buonuscita milionaria; non sarà denaro per il bel lavoro che hai svolto, ma il compenso per non svelare le orrende trame che hai ordito. E poi, sai bene che prima che finiscano in galera i banchieri dovrebbero andarci quelli che sono pagati per controllarli e che guarda caso sembra che abbiano gli occhi bendati. E tu sai bene il perché amico mio, anche tu... amico mio, anche tu. Cos'è quella faccia? Stai tranquillo, non intendevo spaventarti. Adesso vatti a riposare che mi sembri stanco; da domani ti voglio ancora più pimpante; non dimenticare che il nostro lavoro non è finito, non potrà mai finire.»

24

Quattro mesi dopo

Quando rientrò nel suo studio, Alain Duchamp non poté fare a meno di sorridere pensando che non c'era nessuna logica negli avvenimenti seguiti a quel terribile settembre.

I tassi d'interesse si erano afflosciati con la stessa rapidità con cui avevano preso a correre tre anni prima. Decine di milioni di persone avevano perso il lavoro e migliaia di imprenditori erano falliti. In tanti si erano suicidati dandosi fuoco alla tibetana, lanciandosi nel vuoto o sparandosi in testa.

Alain Duchamp era più tranquillo. Le sue catastrofiche previsioni si erano avverate con una drammaticità che aveva lasciato tutti senza parole. Fortunatamente nessuna testa era saltata e gli economisti avevano ricominciato con la loro litania. Semplici spettatori offrivano curiose giustificazioni all'incapacità di non essere riusciti a capire un bel niente. Ancora una volta. Nessuno aveva osato muovere loro una sola parola di rimprovero. L'unica speranza per riuscire a tirare avanti era quella di tenersi tutti per mano. Il naufragio di una sola barca avrebbe fatto affondare tutte le altre.

Gustav Etienne de Chatillon lo aveva raggiunto. Aveva un'aria stanca. Erano stati mesi terribili e anche se all'orizzonte pareva scorgersi un raggio di sole aveva paura che a qualcun altro potessero cedere i nervi. Il tradimento di Vincent Chiaromonte gli aveva fatto temere il peggio e la sua morte era stata un semplice colpo di fortuna.

I telegiornali aprivano con una notizia che aveva dell'incredibile. Nel corso di una conferenza stampa congiunta con il presidente iracheno che si stava tenendo a Baghdad, un giornalista iracheno si era sfilato entrambe le scarpe e le aveva lanciate contro il presidente americano uscente, accompagnando quel gesto con il grido: *"Questo è il bacio di addio, cane!"*

Erano stati solo i pronti riflessi da ex giocatore di football del leader americano a consentirgli di schivare il primo colpo mentre il suo omologo iracheno, in piedi accanto a lui, tentava senza successo di parare il secondo colpo che fortunatamente aveva soltanto sfiorato l'illustre ospite.

Prima di essere immobilizzato dagli uomini della sicurezza presidenziale, colti impreparati dall'uso inaspettato di armi non convenzionali, il giornalista era riuscito a precisare che quel gesto, che nella cultura irachena rappresentava uno dei massimi insulti oltre che un segno di disprezzo per chi lo riceve, era per tutte le vedove, gli orfani e gli uomini uccisi in Iraq dai soldati americani.

Il giornalista aveva ricevuto il plauso e la solidarietà di larga parte del popolo iracheno che si era immediatamente riversato nelle strade per chiedere la liberazione di quello che stava diventando un eroe nazionale. I manifestanti avevano ribadito con forza che i soldati americani se ne dovevano andare dall'Iraq.

Dopo la bocciatura ricevuta in patria dai repubblicani alle elezioni per la nomina del nuovo presidente, che aveva visto trionfare il candidato democratico, l'uscita di scena di quel presidente, anche sul piano internazionale, sarebbe stata ricordata come una delle più imbarazzanti della giovane storia americana.

«Ma dove lo hanno scovato questo diavolo? Mi sembra un giovanotto molto sveglio e l'idea di ridicolizzare *junior* è stata eccellente. Metterne in cattiva luce uno non farà che magnificare l'aura che si irradia attorno all'altro. Esordirà come un gigante, un salvatore della nazione; se poi riuscirà a combinare qualcosa di buono ha poca importanza.»

Gustav Etienne de Chatillon guardava Alain Duchamp con ammirazione, senza interromperlo.

«Sai Gustav, uno dei partner del primo studio in cui ho lavorato più di trent'anni fa, durante la seconda guerra mondiale era sbarcato con le truppe alleate in sud Italia. A Napoli aveva sentito un detto che mi ripeteva spesso, mi diceva: *"Alain, facit'ammuiìna."* All'inizio non riuscivo a capire cosa volesse dire, anche se non lo detti a vedere. Un giorno, mi guardò fisso negli occhi e mi disse: *"Alain, prendi gli uomini di poppa e portali a prua, prendi quelli di prua e portali a poppa, facit'ammuiìna,"* fate chiasso, cambiate tutto affinché nulla cambi. Tutto mi apparve chiaro. Tu sei uno in gamba Gustav, è arrivato il momento di spiccare il volo. Questa crisi sta creando grandi opportunità e potresti essere tu il nuovo governatore della Banca di Francia.»

«Alain, la tua stima mi onora.»

«Sarebbe solo un primo passo per traghettarti molto più in alto. Non ho più fiducia di quell'imbecille di Fruchit. Ci sarà tanto da lavorare, ma alla scadenza del suo mandato tu saresti un impeccabile presidente della Bce.»

«Credevo che quel posto fosse riservato a Guttenberg. »

«Guttenberg è solo un pervertito. Nella sua testa non ci sono che donne e bambini, e puoi giurarci che prima o poi si farà male, molto male. Mi sentirei molto più tranquillo se a capo della Banca Centrale Europea ci fosse uno di noi.»

25

«Buongiorno da ATV News. La crisi economica internazionale sembra diventare giorno dopo giorno sempre più drammatica: dopo Sony, Hitachi, Toshiba e Nec anche Panasonic - a seguito del calo della domanda mondiale - ha gettato la spugna decidendo una riduzione del personale di quindicimila unità con conseguente chiusura di ventisette impianti di produzione, di cui tredici in Giappone.

«Anche per il settore automobilistico le cose non vanno affatto bene: mentre Toyota e Honda hanno annunciato un calo delle vendite di automobili del trenta per cento a livello mondiale, General Motors e Chrysler sono ricorse al *chapter 11* dichiarando bancarotta.

«Da settembre 2008 negli Stati Uniti sono andati in fumo più di tre milioni e seicentomila posti di lavoro, una cifra superiore all'intera popolazione dell'Uruguay; si tratta del peggiore dato dalla fine della seconda guerra mondiale. Anche in Europa la situazione è catastrofica: nel Regno Unito, migliaia di lavoratori sono scesi in piazza per protestare contro l'uso di manodopera straniera per la costruzione di impianti locali, mentre in Italia, a Pomigliano d'Arco, migliaia di operai Fiat a rischio licenziamento si sono scontrati con la polizia intervenuta per impedire l'invasione e il blocco dell'autostrada.

«In Francia, i dipendenti della New Champ di Chatellerault, prossimi al licenziamento, sono rinchiusi da giorni nella loro fabbrica. Hanno minacciato di distruggerla se non verrà accolta la richiesta di una buonuscita di trentamila euro. Gli slogan di chi protesta sono sempre gli stessi: "no a nuove tasse, basta con i privilegi." Mentre milioni di persone stanno perdendo il lavoro, le borse di tutto il mondo festeggiano con rialzi generalizzati sull'intero listino, anticipando le mosse dei governi nazionali pronti a ricapitalizzare le aziende maggiormente colpite.

«Per conoscere più da vicino il clima che si respira nel vecchio continente, sentiamo il nostro inviato Chris O'Neill che si trova a Davos, dove è in corso di svolgimento il tradizionale forum economico mondiale che anche quest'anno vede la partecipazione di alcuni tra i più illuminati pensatori della nostra epoca.»

«Un caloroso ben ritrovati ai nostri telespettatori. Nonostante le proteste di migliaia di persone giunte in Svizzera per manifestare la propria indignazione che a risolvere i problemi economici del mondo si stiano cimentando proprio coloro che li hanno causati, il dibattito è proseguito nelle eleganti sale ovattate del Sachs Resort. La giornata di studio è stata dedicata al tema "Un futuro sostenibile per l'economia mondiale" e ha visto l'intervento del nuovo Ministro dello Sviluppo Economico inglese, Claude Gaverick.

«Signor Gaverick, in tutto il mondo dilaga una crisi che con impareggiabile miopia nessuno era riuscito a intravedere. Dal settore finanziario - con un micidiale effetto domino - la crisi si è rapidamente ribaltata sull'economia reale andando a colpire le categorie più deboli: quali sono le sue origini e quali gli interventi con cui cercherete di affrontarla andando a ridisegnare l'ordine economico mondiale?»

«Buongiorno a lei e ai telespettatori in ascolto. È innanzitutto necessario chiarire che le maggiori istituzioni finanziarie del pianeta si sono mosse con grande tempestività per arginare gli effetti perversi della crisi. Desidero tuttavia obiettare la premessa alla sua domanda: questa crisi non ha origine finanziaria, tutt'altro; posso affermare senza timore di smentita che le banche non hanno nessuna responsabilità! Eventuali colpe vanno semmai ricercate nella spregiudicatezza dei soggetti che si sono indebitati per mantenere un livello di spesa non in linea con le proprie entrate finanziarie. In tale contesto bene hanno fatto le principali banche centrali ad aumentare progressivamente il livello dei tassi di interesse fermando per tempo quella che stava diventando una pericolosa spirale inflazionistica.»

«Signor Gaverick, qualcuno sostiene che la crescita dei consumi - cui lei fa riferimento - sia stata puramente nominale, derivando in realtà da una progressiva perdita di potere d'acquisto dei salari: con lo stesso denaro si acquistano quantità minori di beni e servizi. La causa del fenomeno sarebbe dovuta ai criteri con i quali viene calcolato il tasso di inflazione. Si darebbe un peso irrilevante ai beni per i quali la gente comune impiega buona parte dei salari assegnandone uno molto alto a quei beni che rappresentano una quota effettivamente marginale dei consumi di una famiglia, come ad esempio la cioccolata. Secondo gli istituti ufficiali di statistica, una famiglia di operai spende più del quadruplo per consumazioni al bar, in albergo e al ristorante che per il fitto di casa; le sembra verosimile? È ragionevole pensare che le famiglie operaie si svaghino così tanto tra alberghi e ristoranti?»

«Caro O'Neill, lei è un bravo giornalista ma dimentica che i criteri per il calcolo dell'inflazione sono messi a punto dai massimi esperti del settore con la collaborazione di società di consulenza di rilevanza mondiale. Si tratta di metodologie complesse approvate dalle autorità finanziarie insieme con i governi nazionali. Questa evidenza è sufficiente a rassicurarmi che il lavoro svolto è degno di lode ed esente da errori; altri ragionamenti sono del tutto inconsistenti e mi lasci aggiungere, pretestuosi. O vuole forse raccontarmi che l'economia mondiale è affidata a un manipolo di manigoldi?»

«Non mi permetterei. Signor Gaverick, quali sono le ricette che state mettendo a punto per superare l'attuale fase economica?»

«È indispensabile che i governi stanzino ragguardevoli risorse finanziarie a favore delle aziende maggiormente colpite dalla crisi, in particolare delle banche. Lo chiediamo a gran voce ritenendo che sia l'unica strada percorribile. Mi creda, non abbiamo alternative.»

«Ringraziamo Claude Gaverick per l'interessante contributo. Da Davos per il momento è tutto, a voi studio.»

26

Edimburgo
Western Harbour Breakwater

«Giorgio, che cos'hai? È da giorni che ti vedo pensieroso» disse Sofia.

«Ascolto queste interviste e non riesco a non pensare a Vincent. Sembra assurdo, ma più tempo passa più mi rendo conto che c'è una logica a tutto, un filo invisibile che congiunge anche la sua morte. Sai chi è quel tizio?»

«Certo, il nuovo Ministro, ma al di là di questo non so niente di lui.»

«Neanch'io l'ho mai conosciuto, un uomo vissuto nell'ombra, ma il suo nome aveva qualcosa di familiare. Mentre parlava ho scavato nei ricordi. Claude Gaverick è riaffiorato dal passato come una nave fantasma. È stato socio della Golden Rocks prima di diventare il capo della Seldom Brothers, la banca che dopo avere finanziato la BK Wordlwide di Peter Duncan le ha piazzato un derivato da seicento milioni. Una bomba a orologeria. La BK aveva iniziato a costruire Abbey Wharf prima di essere incorporata nella Conn Building. Peter Duncan era un compagno di scuola di Vincent e quando si è reso conto che a causa di quel derivato aveva perso tutto si è sparato in bocca. Credo che Gaverick potrebbe aver avuto un ruolo inconsapevole anche nella scomparsa di Vincent. Un vero bastardo.»

«Tu sei ancora convinto che Vincent sia stato ucciso?» disse Sofia.

«Lasciamo perdere, meno se ne parla meglio è per tutti.»

«Santo cielo, sono tua moglie! Credo di avere il diritto di sapere che ti succede, sono preoccupata per te e non riesco a vederti in queste condizioni facendo finta di niente. Ti fa bene parlarne, avanti, dimmi...»

«Giurami che non ne farai parola con nessuno.»

«Te lo prometto.»

«Ricordi il colloquio con gli ispettori di polizia pochi giorni dopo la morte di Vincent?»

«Mi hai solo detto che qualcuno della polizia era venuto a trovarti.»

«Erano due ispettori tedeschi. Uno mi tempestava di domande, l'altro ascoltava in silenzio osservando la scena. Aveva un'aria annoiata, uno sguardo distratto ma inquietante. Erano convinti che nascondessi loro qualcosa. Volevano sapere di cosa avessimo parlato io e Vincent l'ultima volta che ci siamo visti a Francoforte, poche settimane prima che lui morisse. Sembrava che cercassero delle conferme.»

«Che vi siete detti di così misterioso?»

«Lo conoscevi anche tu, Vincent era ossessionato dalla politica, dalle guerre, dalle crisi internazionali e io ero l'amico con cui parlava liberamente.»

«Si fidava, sapeva che saresti stato una tomba.»

«Non riuscivo a spiegarmi come facesse a elaborare le sue teorie e come poteva essere a conoscenza di tutti quei segreti.»

«Se devo dirti la verità, a me non sono mai sembrati tali.»

«Forse è come dici tu, qualsiasi studioso di questioni politiche internazionali sarebbe potuto giungere a quelle stesse conclusioni, ma i suoi racconti erano del tutto privi di filtro. Non c'era nessuno studio, nessuna ideologia, era semplicemente roba di prima mano. Ai due ispettori ho raccontato solo le cose più inutili che già sapevano o che avrebbero potuto facilmente immaginare.

«Due giorni dopo la sua morte mi vidi con Kate. Sapevo tutto di lei e per cautelarmi le detti una copia di alcuni documenti che Vincent mi aveva spedito pochi giorni prima. Le dovevo far capire che avevo preso le mie precauzioni. Kate li sfogliò velocemente; dall'espressione del viso ebbi la conferma che ne conosceva perfettamente il contenuto. Mi guardò, scosse la testa e li gettò nel caminetto. Il fuoco avrebbe cancellato le sue impronte. Kate non era una sprovveduta.»

«Che c'entra Kate in questa storia?»

«Quel fascicolo conteneva documenti classificati; sul frontespizio di ogni foglio appariva la scritta "Operazione Caimano"; in alto a destra spiccava il profilo di una testa d'aquila dietro una rosa dei venti. Era un piano per invadere Cuba: la confidenza che Vincent mi aveva fatto l'ultima volta che ci siamo visti a cena a Francoforte. Dopo qualche settimana Vincent mi telefonò, era agitato, probabilmente impaurito. Mi confessò che aveva cercato di boicottare l'operazione Tower Bridge.»

«L'operazione Tower Bridge?»

«Sì. A gennaio 2006 i capi delle principali banche d'affari si erano incontrati a Washington. Volevano capire se ci fosse un sistema per incrementare i profitti nonostante la congiuntura economica internazionale sfavorevole.

«Avevano bisogno di una strategia che potesse dare esito immediato. La Golden Rocks elaborò la soluzione più adeguata attraverso un violento rialzo dei tassi di interesse, dall'America all'Europa. In pochi mesi sarebbero arrivati al cinque per cento. Era la naturale prosecuzione di un disegno avviato alcuni anni prima. Le banche d'affari, sia quelle inglesi che quelle americane, servendosi delle banche commerciali in tutto il mondo avevano venduto prodotti derivati modificati ad hoc per diventare macchine mangiasoldi.

«Le banche commerciali avevano erogato mutui a tasso variabile, li avevano cartolarizzati e venduti sul mercato obbligazionario. Molti di quei mutui sarebbero diventati subprime. Gustav Etienne de Chatillon propose un'articolata manovra per pompare i tassi di interesse e il consiglio direttivo della Golden Rocks lo appoggiò.»

«Ma se l'obiettivo era il cinque per cento l'avevate quasi raggiunto, a luglio 2008 la BCE portò il tasso di riferimento al quattro e venticinque.»

«Ricordi perfettamente, sull'interbancario i tassi schizzarono oltre il sei per cento. Luglio 2008 è stato il punto di non ritorno. Due anni prima avevamo corrotto i consiglieri della Fed e della Bce con centinaia di milioni. Incassarono senza battere ciglio scatenando l'inferno. I tassi iniziarono a correre. I report sullo stato dell'economia mostravano segnali di stagnazione; il rallentamento del ciclo produttivo era evidente, eppure l'inflazione cresceva.»

«Com'era possibile?»

«Con i derivati sulle commodity: avevamo inventato l'inflazione di carta. La verità fu nascosta, le analisi economiche taroccate, la realtà celata dietro la più meschina propaganda. Stravaganti teorie riempivano le prime pagine di tutti i giornali. L'idea di un mercato capace di autoregolamentarsi aveva consentito di eliminare ogni controllo. Le autorità di vigilanza non erano altro che valletti in livrea pronti a genuflettersi pur di incassare mance milionarie. Cani infedeli, ci leccavano la mano quando allungavamo loro qualche libbra di carne.

«Alla BCE, il capo economista Felipe Alonso aveva capito a cosa stavamo andando incontro; fu isolato e mobbizzato da un branco inferocito. I suoi segnali di allarme sullo stato dell'economia e della finanza mondiale rischiavano di far saltare l'operazione. Fu sbattuto a coordinare un ufficio che si occupava di analisi del cambio eurodollaro neozelandese su una spiaggia a sud del mondo dove l'unica cosa che contasse veramente era la direzione e l'intensità del vento per uscire in barca. Alonso ci uscì davvero in barca, ma un pomeriggio non fece più ritorno. Scomparso.

«Per quanto riguarda Cuba, poco prima di morire Vincent mi spedì del materiale mischiato a riviste sugli uccelli acquatici e sulle guerre tattiche. Dovevano servire a non destare sospetti nel caso di un controllo postale del pacco. Quando ho letto quei documenti sono sbiancato. Era descritta ogni fase del piano per invadere Cuba. In base alle informazioni disponibili, i repubblicani erano in netto svantaggio sui democratici. L'unica chance per recuperare consensi dipendeva dalla soluzione del problema cubano e del carcere di Guantanamo; il successo dell'Operazione Caimano. Il piano era perfettamente scadenzato: l'evasione dei prigionieri, l'ultimatum di quarantotto ore concesso al governo di Cuba per la loro restituzione e l'attacco finale. Ci sarebbero stati bombardamenti aerei con l'uso di armi chimiche, poi sarebbero passati all'invasione di terra. Sembrava un film.

«L'atteggiamento di Kate mi ricordò lo stile degli ispettori di polizia. Cercai di ricordare i loro nomi, Shiller o Shilling. Controllai il nostro registro dei visitatori, Clement Shilling e Rudolf Steineimer. C'era qualcosa che non mi tornava. Chiamai il commissariato di Francoforte e chiesi dei due, ma non li conosceva nessuno. Mi rivolsi all'Ambasciata e all'ufficio di polizia del Tribunale, ma anche lì niente da fare. Nessuno aveva mai sentito i loro nomi. Un amico del Bundesrat mi disse: "Fai attenzione a come ti muovi Giorgio, i servizi indagano su quella strana morte". Lo dovevo immaginare. Durante la nostra ultima telefonata, Vincent mi aveva detto che era iniziato tutto per caso alcuni anni prima. Lui era a casa di Kate, a New York. Distratto dalla richiesta di un collega, aveva dimenticato il portatile in ufficio. Era già sera e nessuno avrebbe potuto curiosare nei suoi file, neanche le guardie della vigilanza o gli addetti alle pulizie. Dopo alcuni minuti di inutilizzo infatti, il computer si sarebbe disattivato e ci sarebbe voluta la sua password per riattivarlo. Ma Vincent era un meticoloso e quella sera doveva cancellare delle cartelle delicate. Non aveva voglia di perdere due ore per tornare in ufficio, così decide di connettersi tramite un programma remoto. Mentre Kate è sotto la doccia lui accende il suo portatile, ma un avviso di sicurezza gli chiede le credenziali biometriche di accesso. Vincent rimane stupito. Credeva che la lettura biometrica degli accessi informatici fosse un'invenzione cinematografica. Inizia a smanettare ma non riesce a entrare. Il tempo passa e Kate è quasi fuori della doccia. Vincent si rende conto che c'è qualcosa di inusuale che protegge quel computer, si ferma e rimette tutto in ordine. Kate si sta preparando per una cena di lavoro. Vede che Vincent è tranquillamente seduto sul divano ascoltando musica in cuffia e leggendo un libro. Non può immaginare che suo marito non vede l'ora di mettere mano al suo portatile. Lo saluta: "*A dopo amore, ci vediamo più tardi!*"

«"*A dopo*" le risponde. Dalla finestra del soggiorno, Vincent la vede prendere un taxi e allontanarsi. Sa che non tornerà prima di tre ore. Accende il computer di Kate ma non riesce a entrare nel sistema. Ha bisogno della sua impronta. Il passaporto. Perquisisce la casa e finalmente lo trova. L'impronta è perfetta per attivare il sistema. Il computer contiene dossier del Dipartimento di Stato. Vincent gli da un'occhiata e trova del materiale interessante. Kate non può essere un semplice avvocato del Dipartimento di Giustizia, come gli ha sempre fatto credere. Quei suoi viaggi improvvisi hanno poco a che fare con la professione di avvocato. Inizia a sfogliare il passaporto, osserva timbri e date; Messico, Italia, Gran Bretagna, Germania, Sudafrica. Controlla la data di emissione del passaporto; tre anni prima. Non è possibile. Per assistere gli americani finiti nei guai, in tre anni Kate ha girato il mondo almeno quattro volte. Non può avere viaggiato con i voli di linea, non ha quasi mai fatto dogana. Deve avere viaggiato con aerei riservati o forse anche a bordo dei *voli fantasma*. Vincent riflette sul da farsi. Può approfittare della situazione per i suoi studi. Nei mesi successivi accede a numerosi archivi riservati cancellando ogni traccia del suo passaggio. Spunta il dossier su Cuba, un'occasione irripetibile per invadere l'isola. È il momento in cui la Golden Rocks dà il via libera all'operazione Tower Bridge. Vincent è sotto pressione e non riesce ad accettare l'idea che economia e politica siano dominate dalle menzogne; e poi ha finalmente capito cosa si nasconde dietro il suo lavoro di matematico. Sente di avere un debito di riconoscenza verso i cubani, gli anni dei concerti con i musicisti dell'isola sono stati i più belli della sua vita. Non è innamorato del castrismo, ma è convinto che l'apertura verso un liberismo egualitario sia comunque da preferire alle lobby golpiste che scorrazzano indisturbate in centroamerica. L'idealista che è in lui viene fuori con forza. Si era semplicemente limitato a curiosare in quei dossier, ma a quel punto si convince che la verità debba venire fuori. Inizia a copiare i file inviandoseli in posta elettronica: l'organizzazione dell'attentato per destabilizzare la Bolivia, i metodi di tortura dei prigionieri, l'annegamento simulato, l'isolamento, la luce perenne, il caldo, il freddo e il piano per invadere Cuba. Nell'istante in cui inizia il download scattano dispositivi di protezione che Vincent ignora. La sicurezza interpella Kate, capiscono che non è stata lei a commettere quella leggerezza. Kate lo sapeva che non è consentito copiare o scaricare dati. L'intruso è Vincent. È venuto a conoscenza di troppe verità. Decidono di intervenire. Aspettano che rientri a Francoforte e mettono in scena il suicidio secondo un copione consolidato.»

«Giorgio, le tue sono solo congetture; non hai nessuna prova, non pensi che potrebbe essersi ucciso davvero?»

«Non è possibile, Vincent non si sarebbe ucciso per nessuna ragione al mondo.»

«Giorgio, smettila di vedere complotti dappertutto; anche tu eri a conoscenza di quelle storie; te le aveva raccontate lui, eppure...»

«È così. Dopo la sua morte ho pensato a come uscirne. La cosa più sensata che mi è venuta in mente è stata di scansionare i documenti e programmare un invio automatico a distanza di un mese. Ogni mese posticipo la data di invio. Se mi dovesse accadere qualcosa, quei documenti finirebbero sulla posta elettronica di un centinaio di giornali in tutto il mondo. Una copia l'ho spedita a Washington e un'altra al candidato democratico. Ho barattato la nostra incolumità in cambio del silenzio su quelle verità. A Washington hanno capito che il piano era compromesso. Il candidato democratico - che ne sarebbe venuto a conoscenza in caso di vittoria - non poteva immaginare che ci fossero agenti deviati. È la storia che si ripete. Senza il rilascio dei prigionieri e l'incriminazione degli agenti colpevoli di crimini contro l'umanità, quei documenti sarebbero diventati pubblici.»

«Ma la chiusura di Guantanamo è il primo atto che ha firmato il nuovo presidente!» disse Sofia, impallidendo.

«Già, il primo atto. La nuova amministrazione ha deciso la chiusura di Guantanamo, ma non la messa in stato d'accusa per gli aguzzini dei prigionieri. Non poteva farlo; le torture erano state autorizzate in quella casa.»

«Ma perché l'hai fatto? Giorgio, questo non è un gioco! Avrebbero potuto ammazzarti!»

«Avevo paura, il cadavere successivo sarebbe stato il mio. Quella gente non va troppo per il sottile e mi avrebbero ucciso. Il memoriale di Vincent è la mia unica garanzia e poi non credo che avrei potuto lasciare la Golden Rocks; nessuno, da vivo, l'ha mai lasciata...»

27

The colors of the rainbow
Are so pretty in the sky
It's also on the faces
Of people goin' by
I see friends shakin' hands
Sayin', «How do you do?»
Fairies sayin', «I love you.»

«Dio, quanto tempo è passato dall'ultima volta che ho ascoltato qualcuno trombettare questa canzone, non sono sicuro che sarei capace di suonarla ancora.

«Sono trascorsi otto anni da quando ho messo piede per la prima volta in Golden Rocks, così poco tempo eppure sembra una vita. Ne sono uscito, mi sono finalmente chiuso quella maledetta porta alle spalle, per sempre. Adesso ho bisogno di disintossicarmi e di ricominciare a respirare. Ho iniziato un cammino che un giorno mi farà riscoprire qualcosa di prezioso, una qualità che avevo dimenticato di possedere o alla quale non pensavo più, come caduta in oblio.

«A volte vorrei poter tornare indietro e ripercorrere i miei passi, vorrei avere il coraggio di guardare negli occhi le persone che ho danneggiato. Non le conosco ma so per certo che sono state tante, così come so che risarcirle non sarà più possibile, eppure non voglio perdere la speranza di riuscire a fare qualcosa di utile per questo esercito indifeso, debole e silenzioso.

«In pochi anni ho ricevuto compensi milionari, incassato così tanto denaro che centinaia di uomini non riuscirebbero a guadagnare in tutta la loro vita con un lavoro onesto. A pensarci bene non si è trattato propriamente di un guadagno, perché quello appartiene all'uomo che lavora, consapevole di non barare con la propria coscienza, né di arrecare danno ad altri. Ho ricevuto quel denaro in cambio di ciò che ho fatto. Non ho pensato a cosa stessi facendo o forse non ho voluto pensare alle conseguenze della mia condotta. L'ho fatto perché in quel momento ci credevo o semplicemente perché mi piaceva, ma il risultato non cambia.

«La parola d'ordine che mi era stata impartita e alla quale ho obbedito senza riflettere era di migliorare gli indici che misurano la capacità di un'azienda di fare utili, rimanere sul mercato e arricchire azionisti e manager. Un banale esercizio matematico, il mio. Non ho pensato ai lavoratori come a esseri umani, alle loro famiglie, agli occhi dei loro figli puntati sulle spalle incurvate dalla fatica e sulle mani callose di una vita sudata, in attesa di risposte che potessero spiegare quei silenzi. Non ho pensato alla vergogna che può provare un padre che perde il lavoro, incapace di confessare che non ci sono soldi per campare la famiglia. Non ho pensato che un padre che non riesce a mantenere i figli perde anche la dignità, non ho pensato che una famiglia in cui non c'è un lavoro può anche smarrire la propria identità, esattamente come una società priva di una guida che le sia di virtuoso esempio. Non ho pensato a quelle vite sacrificate alla logica del profitto, sempre di più, sempre di più, come se la punta degli alberi possa spingersi a crescere sino ad accarezzare il cielo. È contro natura.

«L'unico riferimento del mio lavoro è stata la creazione di algoritmi per generare ricchezza. Non ho pensato alla possibilità che possa esistere una ricchezza utile, come quando si costruisce una scuola, un ospedale o un acquedotto, e una non solo inutile ma anche dannosa che provoca morte e disperazione, come quando si progettano agenti orange, cluster bomb e protesi per bambini che rimangono dilaniati a vita saltando sopra una mina mentre il prodotto interno lordo cresce con arrogante indifferenza.

«All'irrefrenabile voglia di crescita del PIL, che pare essere l'unico obiettivo a cui ciecamente anelano i più, si potrebbe forse sostituire un indicatore di benessere che misuri la crescita della ricchezza prodotta a favore e nell'interesse dell'umanità nel suo complesso, sottraendo l'economia deleteria? Non è utopia. Non può essere solo utopia. Saremmo delle bestie se credessimo che possa essere una sciocca utopia. Tanto varrebbe farla finita subito.

«In un'epoca in cui la ricchezza complessiva aumenta a ritmo costante, cresce di pari passo o forse più rapidamente la massa di uomini che vengono spinti verso il baratro della povertà che genera disperazione. I disperati della nostra epoca hanno chiaro davanti ai loro occhi che la loro condizione è stabilita da un manipolo di sciacalli senza scrupoli che ha fatto del sogno di ricchezza illimitata e dell'ingordigia l'unica ragione di vita. Quella moltitudine di disperati è perfettamente consapevole di essere stata privata di un diritto naturale: vivere un'esistenza dignitosa.

«La mia condotta criminale, ha contribuito ad ampliare il divario tra chi possiede tanto e chi possiede poco o niente, a togliere a chi aveva quel poco per consegnarlo a chi ne voleva sempre di più.

«Con la mia omertà, ho consentito a persone senza scrupoli di saccheggiare il denaro degli stati sovrani. Ho contribuito a costruire prodotti finanziari che conoscevo talmente bene che non mi sono mai sognato di acquistarli per me stesso, esattamente come hanno fatto i colleghi che insieme a me li hanno progettati. Con il mio colpevole silenzio, ho violato la vita di milioni di uomini con lo stesso micidiale effetto di un'arma chimica; la sola differenza, è che la chimica non li lascia solo nell'anima i segni.

«Oggi, coloro che hanno annientato la più grande risorsa di cui l'uomo dispone, la fiducia nel futuro, insieme a coloro che hanno compromesso le speranze delle giovani generazioni non sono in galera, né è stato chiesto loro di restituire il denaro saccheggiato negli anni. L'una o l'altra delle alternative avrebbe potuto costituire un buon viatico per aspirare a un futuro migliore. Tutt'altro. Quegli uomini vengono invitati nelle business school di tutto il mondo a spiegare cosa sia l'economia e come essa debba funzionare. Quegli uomini che hanno finanziato vili speculatori senza scrupoli e senza denari parlano e scrivono di etica. Riuscendo a non arrossire per la vergogna, arrivano persino a creare una propria fondazione etica convincendovi che la finanza ha bisogno di nuove regole che essi stessi hanno assunto il gravoso compito di riscrivere. Quegli uomini sono incaricati di coordinare le più importanti organizzazioni finanziarie ed economiche del mondo e promossi a gestire gli staff economici dei paesi più potenti. Vogliono spiegarvi come uscire dalla più grande crisi economica della storia. A differenza del passato tuttavia, grazie ai moderni mezzi di comunicazione, chiunque ha la possibilità di osservare da ogni angolo del pianeta dove e come vivono questi miserabili sciacalli che hanno saccheggiato la ricchezza delle nazioni. A prima vista non hanno il benché minimo timore che un giorno, nel mezzo della folla, qualcuno li possa additare indicandoli come i predoni, i farabutti, i cattivi maestri.

«Li potete riconoscere facilmente, sarà sufficiente osservare la loro presunzione, la loro arroganza, la loro ingordigia, la loro sete di potere, il loro cuore di pietra. Non vi sbaglierete, sono quelli che dopo avervi depredato si preparano a prendere per mano anche i vostri figli, e a portarli dritti all'inferno.»

«Osservo e scrivo, seduto a un caffè sulla Rampa quasi all'angolo col Malécon; il cielo è velato e all'orizzonte, sul mare, si intravedono nubi rabbiose in avvicinamento.»

Epilogo

Nonostante le dichiarazioni di ottimismo rilasciate dai responsabili delle maggiori istituzioni politiche e finanziarie mondiali, la crisi economica continuava a peggiorare. L'aumento dei prezzi delle commodity agricole aveva ridotto alla fame le già disperate popolazioni del nord Africa, trasformatasi in una polveriera pronta a esplodere da un momento all'altro. Inarrestabile l'aumento della disoccupazione nel vecchio continente e in America. A farne le spese i più giovani, soprattutto nei paesi in cui le nuove politiche imprenditoriali avevano attecchito con maggiore efficacia. Per migliorare gli indici di produttività e continuare a incassare i superbonus, i manager avevano imparato un solo motto: licenziare e precarizzare!

Alla France Telecom, l'adozione di nuovi e più moderni sistemi gestionali avevano consentito, senza troppi sforzi, una sensibile riduzione della forza lavoro: in meno di due anni, quasi cinquanta dipendenti si erano suicidati. Molti di loro avevano spiccato il volo direttamente dalla finestra del proprio ufficio. Notizie che giornali e televisioni preferivano tacere. Ad Atene era stato siglato il passaggio della compagnia greca Artotinis, vittima di uno swap speculativo sul petrolio, alla multinazionale olandese Van Broek che diventava così la più grande compagnia di navigazione del mondo.

In Bolivia, a La Paz, in uno scontro a fuoco la milizia boliviana aveva ucciso tre mercenari. Secondo fonti investigative, i tre stavano preparando un attentato contro il presidente Evo Morales. Il presidente Hugo Chavez aveva immediatamente richiamato l'ambasciatore venezuelano a Bogotà e congelato le relazioni diplomatiche e commerciali con la Colombia, colpevole di avere accolto nelle proprie basi personale militare statunitense pronto a sferrare un attacco contro il Venezuela.

A Oslo, il parlamento norvegese aveva assegnato il Premio Nobel per la Pace 2008, al presidente degli Stati Uniti d'America. Nella menzione ufficiale si faceva riferimento "ai suoi straordinari sforzi per il rafforzamento della diplomazia internazionale e della cooperazione tra i popoli." Nessuno aveva commentato che l'uomo sarebbe diventato presidente nel 2009. Alla notizia del premio l'uomo, consapevole di quanto sarebbe presto accaduto, aveva provato grande imbarazzo.

A Roma, nella centralissima Piazzetta Fontanella Borghese, un furgoncino imbottito di tritolo era esploso causando ingenti danni a un antico palazzo nobiliare sede di una società di consulenza multinazionale. L'attentato, avvenuto poco dopo le ventitré, non aveva causato vittime in quanto il personale di guardia, avvertito da una telefonata anonima, era riuscito a mettersi in salvo facendo evacuare per tempo la zona.

Il cratere causato dall'esplosione aveva portato alla luce un sistema di labirinti al cui interno erano state rinvenute statue marmoree di probabile origine troiana, dipinti del cinquecento italiano, anfore greche e gioielli dell'antica Roma, oltre a uno scheletro umano, la cui datazione radiometrica risultò di circa duecento anni, trafitto da una lunga spada.

Dopo due anni trascorsi a capo della Banca di Francia, Gustav Etienne de Chatillon, in un'Europa travolta da una crisi economica le cui cause rimasero celate per sempre nella memoria dei sacerdoti della finanza, veniva nominato presidente della Banca Centrale Europea. La sua prima iniziativa fu il taglio del tasso di interesse dell'euro, che così raggiunse il suo minimo storico.

I Sacerdoti della Finanza

Parte Prima

Prologo

Parte Seconda

www.ingramcontent.com/pod-product-compliance
Lightning Source LLC
Chambersburg PA
CBHW051314170526
45166CB00002B/541